も　く　じ

本書の特色と使い方

必修用語の確認 238 ················　『ビジネス経済応用』の教科書を徹底的に分析し，学習の基本となる用語を項目別に選び出して，出題順に配列しました。記述式の問題に答えながら，学習した内容がどれだけ身についているか確認しましょう。

第 1 回〜第 3 回模擬試験問題 ······　検定試験と同形式の模擬試験です。項目ごとの各論的な問題から，いくつかの項目にまたがった総合的な問題まで，実際の試験を想定して問題をそろえました。

第36回〜第37回検定試験問題 ······　実際の検定試験問題を収録しました。最後の仕上げとして活用してください。

模擬試験問題の内容・構成は，下記の項目別出題基準に従いました。

(1) サービス経済化とサービス産業　　　　6 問

(2) 経済の国際化　　　　　　　　　　　15 問

(3) 金融市場と資本市場　　　　　　　　7 問

(4) 企業経営　　　　　　　　　　　　　15 問

(5) ビジネスの創造と地域産業の振興　　7 問

各 2 点・計50問

Ⅰ サービス経済化とサービス産業

1	一国の産業全体における各種産業間の関係を何というか。また，一国の産業には原料や食料などを生産する農業，林業，漁業からなる区分，原料を加工する鉱業，建設業，製造業からなる区分，そのいずれにも属さない情報通信業，運輸業，卸・小売業，金融・保険業，サービス業，公務などからなる区分があるが，そのそれぞれを何というか。
2	労働集約型工業 → 装置(資本)集約型工業 → 技術集約型工業　という順に移行していく工業化の過程を何というか。
3	家計の総支出に対する飲食費の割合を何というか。なお，一般的に，この割合は所得の増加とともに低下するといわれている。
4	工業は，繊維工業や紡績業といった比較的軽量な生産物を製造するものと，機械工業や化学工業といった比較的重量のある生産物を製造するものとに分けられるが，そのそれぞれを何というか。
5	財やサービスは，企業などが生産を目的として使用する原料や部品，設備と，個人や家庭での消費を目的として生産されるものとに分けられるが，そのそれぞれを何というか。
6	産業は，他の産業に材料を供給する産業，その産業から材料の提供を受け，家電品や自動車などの製品を製造する産業，および企業や消費者に対してサービスを提供する経済活動にかかわっている産業に分けられるが，そのそれぞれを何というか。
7	わが国ではサービス産業を中心とした第三次産業の成長・発展やソフト部門の重要性の高まりといった傾向が見られるが，これを何というか。
8	従来のモノや仕組みなどに，まったく新しい技術や考え方を取り入れ，新たな価値を生み出して，社会的に大きな変化を起こすことを何というか。
9	電子部品の超高性能化・超小型化により，OA化やFA化が進み，労働者の勤務形態や雇用形態が大きく変化したことを何というか。
10	情報(information)や通信(communication)に関する技術(technology)を総称して何というか。一般的な略称とともに答えなさい。
11	年齢別人口のうち，労働力の中核をなす15歳以上65歳未満の人口層を何というか。また，学生・主婦・老齢者など，働く意思や能力を持たない人口を何というか。

答

Ⅰ サービス経済化とサービス産業

1 産業構造の変化と労働

```
           ┌─ 1 第一次産業
1 産業構造 ─┼─ 1 第二次産業
           └─ 1 第三次産業
```

2 雁行型発展　　3 エンゲル係数

```
            ┌─ 4 軽工業
[工業の種類]─┤
            └─ 4 重化学工業
```

```
            ┌─ 5 生産財
[財の種類]──┤
            └─ 5 消費財
```

```
              ┌─ 6 素材産業
[産業の種類]──┼─ 6 加工組立型産業
              └─ 6 サービス産業
```

7 経済のサービス化(サービス経済化，経済のソフト化)

8 技術革新　　9 ME革命　　10 情報通信技術(ICT)

11 生産年齢人口，非労働能力人口

商業経済検定模擬試験問題集
1・2級　ビジネス経済B

解答編

第1回　模擬試験問題解答 （各2点）

	問1	問2	問3	問4	問5
1	イ	ウ	20.0　%	51.8　%	3,374,000　円

	問1	問2
2	イ	ウ

	問
3	ウ

	問1			問2	問3
4	国　際　収　支			サービス収支	16　兆　6,413　億円

	問4	問5	問6	問7	問8	問9	問10
	−6,434　億円	ウ	ア	ア	イ	イ	第　5　段階

	問1	問2	問3
5	ウ	ア	イ

	問
6	ア

	問1	問2	問3	問4			問5
7	オ	エ	ウ	ペ	イ	オ	フ	イ

	問1	問2	問3	問4	問5
8	ウ	ア	イ	ア	イ

	問1		問2	問3		問4
9	終　身　雇用		ウ	年　功	序列型賃金制度	イ

	問1	問2				問3
10	イ	社　外　取　締　役 （外　部　取　締　役）				イ

	問							
11	企業による	コ	ン	プ	ラ	イ	ア	ン	ス	の欠如の問題

	問1	問2	問3	問4	問5
12	ア	イ	ア	エ	ウ

	問1			問2
13	I　S　O			ウ

	問1	問2		問3
14	ア	技術移転機関 （TLO）		ア

（　）内は別解。

第１回　模擬試験問題の解説

1

解　説　問１．素材産業とは，他産業，特に加工組立型産業に対して材料を供給する産業のことで，鉄鋼・非鉄金属・化学・繊維・石油などの産業をいう。自動車は極めて多数の部品を組み立てて生産されるので，そのメーカーは，基本的には加工組立型産業に分類されるが，近年，研究開発への多額の投資によって製品革新を創出する研究開発型産業の性格を帯びてきている。それは知識集約型産業に分類されるので，正解は選択肢の**イ**ということになる。

問２．可処分所得とは，労働の対価として得た給与やボーナスなどの個人所得から，支払い義務のある税金や社会保険料などを差し引いた残りの手取り収入のことである。したがって，個人が自由に使用できる所得の総額ということになる。正解は選択肢の**ウ**である。

問３．「エンゲル係数＝飲食費÷総支出」。この計算式に文中の数値を当てはめると，次のようになる。「エンゲル係数＝725,200円÷3,626,000円＝**20.0%**」。

問４．「消費性向＝消費支出÷可処分所得」。この計算式に文中の数値を当てはめると，次のようになる。「消費性向＝3,626,000円÷7,000,000円＝**51.8%**」。しかし，もう少し簡単に計算しようと思えば，「消費性向＝１－貯蓄性向」という計算式を使ってもよい。すなわち，「消費性向＝１－48.2%＝51.8%」ということになる。

問５．「貯蓄額＝貯蓄性向×可処分所得」。この計算式に文中の数値を当てはめると，次のようになる。「貯蓄額＝48.2%×7,000,000円＝**3,374,000円**」。

2

解　説　問１．人材派遣サービスの特長は，仕事の質と量，時間帯などに合わせて適宜，人材を派遣できる点にある。つまり，利用者にとっては，いわゆるパートタイマーやアルバイトを直接雇うよりも，仕事に対してさらに柔軟に対応できるのである。文中のレストラン武蔵野では，これを活用して，正規の従業員との間で，きめ細かい補完関係（選択肢の**イ**）を築いている。

問２．レストラン武蔵野では，人材派遣サービスの活用によって，顧客や時間帯に合ったサービスが提供できるようになった。また，季節や期間による労働力の調整がうまくいくようになった。そう考えてくると，正解は選択肢の**ウ**であることがわかる。

3

解　説　問．文中には，イタリア，ドイツ，ギリシャの３か国が登場するが，これに惑わされてはいけない。解答のポイントは，「金融政策」「ユーロ圏」「各国の国債」「量的緩和」の４つである。つまり，本文の趣旨は，ドラギ総裁はユーロ圏の金融緩和政策として，ユーロ圏各国の国債などを大量に購入することを明らかにしたということである。その権限を有しているのは，ユーロ圏の金融政策の要である欧州中央銀行の理事会であるから，正解は**ウ**ということになる。

4

解　説　問１．〈表１〉に記述されている親項目はいずれも「○○収支」となっていることから，同表は何かの収支に関する統計表であることがわかる。そして，文中や〈表１・２〉には「貿易」という用語がかなり頻繁に出てくることから，　A　に入るのは「**国際収支**」であることが連想できるだろう。

問２．まず，　B　に入るのは赤字になっている収支であるということ，そして，旅行はモノや金融商品ではなく，サービスであるということ，この２点がわかれば，正解の「**サービス収支**」は容易に得られるだろう。

問３．国際収支は複式簿記の原理によって作成されているから，収支項目間には「経常収支＋資本移転等収支＋誤差脱漏＝金融収支」という関係式が成り立つ。そして，これを変形した「経常収支＝金融収支－資本移転等収支－誤差脱漏」という計算式に，〈表１〉の数値を当てはめると，「経常収支＝211,374－（－2,713）－47,674＝166,413」となるので，正解は「**16**」兆「**6,413**」億円である。

問４．下線部(b)の前後の記述から，「貿易収支＝輸出－輸入」であることと，それが赤字になることがわかる。上記の計算式に〈表１〉の数値を当てはめると，「貿易収支＝751,773－758,207＝－6,434」となるので，正解は「**－6,434**」億円である。

問5．〈表1〉の③の一つ上にある直接投資に対するものは間接投資であるが，国際統計を発表する財務省は，この用語ではなく，「証券投資」(選択肢のウ)という，より実物的な用語を使っているので，正解は**ウ**である。

問6．3つの選択肢のうち，アは「第一次所得収支」の，イは資本移転等収支の，そしてウは第二次所得収支の内容を示している。したがって，正解は**ア**である。

問7．アは第二次所得収支に含まれる。第二次所得収支は「一般政府」と「一般政府外」に区分され，さらに「一般政府外」は「個人間移転」と「そのほかの経常移転」に区分される。わが国の第二次所得収支の内訳としては「個人間移転」が大きな割合をしめ，その主な内容は，外国人労働者の自国への送金である。イは第一次所得収支の雇用者報酬であり，ウは国際収支には特に関係がない。正解は選択肢の**ア**である。

問8．アは金融収支の直接収支，イは資本移転等収支，ウは第二次所得収支に含まれる。途上国に対する無償資金援助については，途上国の施設の整備を支援するための援助は資本移転等収支に，施設の整備を伴わない援助は第二次所得収支に含まれる。正解は選択肢の**イ**である。

問9．国民総生産(GNP)とは，国内と国外において，日本国民の貢献により生み出された付加価値の合計のことであり，国内総生産(GDP)とは，国内で生産された付加価値の総額のことである。したがって，日本の国外で日本国民(個人や法人)が生み出した付加価値は，国民総生産には算入されるが，国内総生産には算入されない。また，外国民が日本国内で生産した付加価値は，日本の国内総生産に含まれる。要するに，経常収支に含まれるもののうち，貿易・サービス収支以外の収支，すなわち第一次所得収支と第二次所得収支を，国内総生産に加えれば国民総生産になるのである。以上のことから，選択肢の**イ**が正解となる。なお，問6の選択肢にも記されているが，第一次所得収支とは，外国との間で行われた賃金・金利・配当金などの受け取りと支払いの差額のことであり，第二次所得収支とは，国際機関への分担金や寄付，労働者による送金など，対価をともなわずに行われる一方的移転の差額のことである。

問10．まず，現在，わが国は世界最大の対外純資産を有する債権国になっているということを押さえておこう。そうすれば，候補を第4段階から第6段階の3つに絞り込むことができる。次に，わが国において，外国との貿易摩擦が大きな問題になったのは，1970年代のなかばであることがわかっていれば，第4段階を候補から外すことができる。最後に，本文の第1段落に，経常収支は黒字であることが記されているので，第6段階も当たらない。以上のことから，正解として第「**5**」段階を導き出すことができる。

5

解　説　問1．「General Agreement on Tariffs and Trade」は，「関税および貿易に関する一般協定」と邦訳されている。輸出は「export」，輸入は「import」であることさえわかれば，正解の**ウ**を導き出すことができるだろう。

問2・3．3つの選択肢のうち，アの「WTO」(World Trade Organization)は，GATTのウルグアイラウンドにおける合意により，世界貿易機関を設立するマラケシュ協定(WTO設立協定)に基づいて1995年1月1日にGATTを発展解消させて成立した。その創設の主たる目的は，もちろん，GATTと同様，自由貿易の促進にある。イとウはどちらも国連の専門機関であり，前者(WHO：World Health Organization)は世界保健機関，後者(WIPO：World Intellectual Property Organization)は世界知的所有権機関と邦訳されている。したがって，問2と問3の正解は，それぞれ順に**ア**と**イ**である。

6

解　説　問．　3つの選択肢のうち，イの「セーフティネット」は「安全網」と邦訳され，網の目のように救済策を張り巡らせることで，社会全体に対して安全や安心を提供するための仕組み，すなわち社会保障の一種である。ウの「セーフキーピング」は，保管とか保護といった意味である。もちろん，正解は**ア**の「セーフガード」であるが，これは一般的に緊急輸入制限と邦訳されている。なぜならば，その内容は関税の引き上げに限らず，輸入数量制限なども含まれているからである。

解説 問1．5つの選択肢のうち，アの「価格変動リスク」とは，例えば原油や小麦といった原料の価格が急騰したり，反対にガソリンやパンといった製品の価格が急落したりして，製造業などの経営に悪影響が及ぶ危険性のこと，イの「金利変動リスク」とは，市場金利が上がり，変動金利で借りた資金のコスト上昇に苦しめられたり，固定金利で借りた資金の借り換えが困難になったりする危険性のこと，ウの「流動性リスク」とは，例えば在庫を積み過ぎて手元の資金が不足し，支払いに行き詰まる危険性のこと，エの「為替変動リスク」とは，円高や円安によって為替差損が生じる危険性のこと，そしてオの「信用リスク」とは，さまざまな経営環境の悪化により，体力の弱い企業の経営が行き詰まり，契約上の債務が弁済できなくなる危険性のこと。もちろん，正解は**オ**である。

問2．銀行などが資金を預かる場合と貸し出す場合を信用という観点から考えてみよう。前者は銀行などが預金者から信用されている場合であり，後者は銀行などが貸出先を信用している場合である。信用されるということは相手から信用を受けているわけであり，これを受信という。信用しているということは相手に信用を与えているわけであり，これを与信という。したがって，正解は選択肢の**エ**ということになる。

問3．3つの選択肢のうち，アの「リスクコスト」とは，そのリスクを背負うことによって生じる平均的な損失のこと，イの「リスクヘッジ」とは，さまざまな方法でリスクを回避したり，減らしたりすること，そしてウの「リスクプレミアム」とは，リスクが平均よりも高い相手，すなわち危ない取引相手に対して，ハイリスクに見合うよう要求する割り増し分のこと。これは，貸し出しならば貸出金利の割り増しになるが，売買ならば販売価格の割り増しということになる。正解は，もちろん**ウ**である。

問4．金融機関が万一破綻（はたん）したときに預金者を保護するため，金融機関が加入している預金保険機構が，預金者に一定額の保険金を支払う仕組みを「**ペイオフ**」という。

問5．上記のペイオフという用語は，2つの意味で用いられることがある。狭い意味では，金融機関が破綻した場合の破綻処理方式の一つとして，保険金を預金保険機構が直接，預金者に支払う方式のことを指し，広い意味では，金融機関が破綻した際に，預金等に対して，その一定額しか預金保険による保護の対象にならないこと，言い換えれば，預金者に損失の負担が生じ得ることを指す。なお，保護の限度額は，一つの金融機関につき，個人や法人など1預金者1千万円までの預金（元金）とその利息とされている。したがって，正解は選択肢の**イ**である。

解説 問1．日本人の資産運用は保守的で，リスクを回避する傾向が圧倒的に強いといわれる。正解は**ウ**である。アはこの傾向と正反対のことを述べている。また，イの外貨建て預金は円建ての預金に比べ金利が高いケースが多いが，為替相場の変動による不確定な要素があるため，リスクを回避する傾向が強い日本の家計では受け入れられてはいない。

問2．預金は間接金融，株式や債券は直接金融である。銀行が仲介する間接金融は，貸出をする際に「銀行が受け取る手数料」や「銀行が負担する貸し倒れリスク」を利子に加えるため，利子が高くなる傾向があり，企業にとっては資金調達コストが高くなる。それに対し，株式や債券による直接金融は，資金調達のコストが低い。正解は**ア**である。イは下線部(b)とは逆のことを述べており誤答である。満期が1年以上先の金融取引を長期金融といい，株式や債券などの証券市場は長期金融市場の代表であるため，ウはあながち間違いではないが，銀行からの融資にも長期金融があるため，最も適切という点では誤答である。

問3．正解は**イ**である。前述した企業活動を活性化し経済成長を図るという目的のほか，個人の金融資産を増加させる目的がある。アメリカでは株式や投資信託で金融資産を保有し，そこから得る所得で給料や賃金といった勤労所得を補うという考えが一般的である。個人が，成長が期待できる企業や産業を積極的に支援することで，それらの企業がさらなる発展をし，個人がさらに豊かになるという好循環が生まれている。アとウは文脈からも誤答であることがわかる。

問4．この問いでは，わが国における近年の貯蓄率低下の理由が問われている。3つの選択肢を検討すると，まず，選択肢のイでは，前半と後半との間で意味がつながらない。ウはありそうだが，それでは貯蓄意欲を失った国民のカネは一体どこへ行ったのかと考えると，なかなか思い当たらない。そこで高齢化を考える。すなわち団塊（だんかい）の世代の引退である。彼らは年金の給付を受けながら，不足分を貯蓄の取り崩しによって補っているのである。以上のことから，**ア**を正解と

して選択すべきである。

問5．厚生労働省によると，1970年当時は高齢者1人を8.5人の労働者が支えていた。この状態を余裕のある「胴上げ」の形としている。しかし，少子高齢化の進展により，2010年には高齢者1人を2.6人で支える「騎馬戦」の形になり，2050年には高齢者1人を1.2人で支える「肩車」の形になる見込みであるという。このような社会不安が明らかになり，貯蓄率の増加につながったと考えられる。また，2020年に新型コロナ対策で政府の給付金が支給され，その一部が貯蓄に回ったことなどにより，家計貯蓄率は急上昇した。正解は**イ**である。「失われた10年」，「失われた20年」に続き，「失われた30年」という言葉も使われ始めたことからわかるとおり，わが国では大幅な景気拡大は起きておらず，アは誤答である。ウについては，2015年に物価の大幅な上昇がなかったこと，そして，何よりも，賃金が増えずに支出が増えれば貯蓄率が下がるので誤答であることは明白である。

9

解説 問1・2・3．日本的経営とは，1970〜80年代に経済成長を続けた日本の大企業の，際立った競争力の源泉とされる日本独自の経営システムのことである。アメリカの経営学者で経済学者のジェームズ・C.アベグレン（James Christian Abegglen）は，『日本の経営』(1958年)のなかで，日本企業の特徴として，終身雇用，企業別組合，年功序列を指摘した。その後，この3つは，日本的経営の「三種の神器」と呼ばれるようになった。また，彼は「終身雇用」という言葉の生みの親としても知られている。本文の第2段落には，この3つが順に記述されているので，問1では「**終身**」と書き，問2では選択肢ウの「企業別組合」を選び，問3では「**年功**」と記せば，いずれも正解となる。

問4．日本的経営とは反対のことを考えればよい。まず，終身雇用ではないので，企業は人員整理と称して従業員を容易に退職させる。それどころか，雇用に期限のない正規雇用(正社員)を減らし，契約社員や派遣社員，パートタイマーやアルバイトといった非正規雇用を拡大している。また，賃金支給の基準は，年功，すなわち社歴や年齢に加え，成果，すなわち業績のウエイトが大きくなりつつある。このように考えてくると，正解は選択肢の**イ**であることがわかる。

10

解説 問1．会社法の第10節(第400〜422条)は，委員会と執行役について規定している。つまり，②に入るのは委員会制度，すなわち「委員会設置会社制度」であり，そのなかに執行役が位置づけられている。そして，その前段階として，委員会設置会社制度とは無関係に，法律の規定外で実施されているのが「執行役員制度」である。したがって，正解は選択肢の**イ**である。

問2．会社法第400条の第3項には「各委員会の委員の過半数は，『**社外取締役**』でなければならない」と規定されている。

問3．三つの選択肢は，どれもテレビや新聞，インターネットなどで，最近よく目にする略称であるが，重役にあたる「chief」が頭につく役職には，次のようなものがある。
「CEO：chief executive officer」が社長　　　「COO：chief operating officer」が営業部長
「CFO：chief financial officer」が財務部長　　「CAO：chief administrative officer」が総務部長
「CMO：chief marketing officer」が販売部長　　「CCO：chief communication officer」が広報部長
「CTO：chief technology officer」が技術部長
(ちなみに，人事部長には「chief」がつかず，「director of human resource」と表記される)
そして，部門の分類は，ほぼ世界共通の営利企業組織の陣容に対応しており，日本の企業の区分とそれほど違いがあるわけではない。下線部は代表執行役ということなので，当然，社長である。したがって，選択肢の**イ**が正解である。

11

解説 問．ブラック企業については，もちろん，倫理的・道義的な問題もあるが，最も大きいのは法令違反である。法令違反とは，法令遵守(「**コンプライアンス**」：compliance)の精神が欠如しているから起きるのである。

12

解説 問1．3つの選択肢のうち，まず，イの「コンプライアンス」は11の解説で説明した通りである。そ

して，ウの「ディスクロージャー」は情報開示と邦訳される。したがって，正解は**ア**の「モラルハザード」である。ただし，この「倫理の欠如」という道徳的な意味合いは，英語の「moral hazard」にはない日本独特の用法であり，海外では通用しない。日本で「モラルハザード」といえばこの意味をさすことが多いが，このような「倫理・道徳観の欠如・崩壊・空洞化」という用法は，以前から誤用として識者に指摘されていた。

問2．3つの選択肢のうち，アの「ガバナビリティ」は被統治性，イの「アカウンタビリティ」は説明責任，そしてウの「プロフィッタビリティ」は収益性と邦訳される。下線部(b)には，船場吉兆の経営者がまともな説明をしていないことが記されているので，正解は**イ**ということになる。なお，アカウンタビリティというのは，元来はアメリカにおいて，1960年代に，公共機関による税金の出資者である国民への会計上の公金の使用説明について生まれた考え方である。後に公共機関だけでなく，株式会社が，出資者である株主に対して資産の使途についてしっかりと説明すべきであるとする考え方に拡大された。

問3．3つの選択肢のうち，アの「コーポレートガバナンス」は企業統治，ウの「コーポレートレスポンシビリティ」は企業責任と邦訳される。そして，イの「コーポレートシチズンシップ」とは，企業も社会の構成員であり，市民として義務を負うべきだとする考え方である。これに対して，船場吉兆の経営は，顧客や社会に奉仕するといったような，しっかりとした方針がなく，とにかく儲かれば何でもよいということで，経営者と従業員との間に信頼関係もまとまりもない。要するに企業統治がなされていないのである。それは不祥事の記述から十分に伝わってくる。正解は，もちろん**ア**である。

問4．ストックホルダーというのは株主のことなので，選択肢のアとイは該当しない。従来，ステークホルダーというと，株主・経営者・従業員・取引先・メインバンクなど，直接的な利害関係者のことであったが，近年では，それをもっと広くとらえ，同業者や地域住民などの間接的な利害関係者はもちろんのこと，野生動物や地球環境なども含めるようになってきた。したがって，正解は**エ**ということになる。

問5．この問いでは，企業統治のあり方が問われている。企業統治では，まず，明快な経営理念があり，それが経営者と従業員の間に染みわたっていること，そして，それを実現するための社内ルールや基準が整備されていて，それらが関係者に理解され，正しく実行されていることが重要である。さらに，社内に各種牽制制度や外部の目があると，不祥事の発生を未然に防ぐことができる。正解は，この内容に最も近い選択肢の**ウ**ということになる。

13

| 解　説 | 問1・2．国際標準化機構(ISO：International Organization for Standardization)が発行した「環境マネジメントシステム」に関する国際規格群を総称してISO14000という。ISO 14000および環境ISOと呼ぶときは，主として「要求事項」(「満たすべき必要事項」)を定めた「ISO」14001を指す。ISO14000シリーズは，1992年の地球サミットをきっかけとして規格の策定が始まり，1996年9月から発行が開始された。より正確には，地球サミット前に創設された持続可能な開発のための経済人会議(BCSD)が国際標準化機構に対して，環境についての国際規格の作成に取り組むよう要請したことをきっかけとする。したがって，問1は「ISO」，問2は選択肢の**ウ**が正解ということになる。

14

| 解　説 | 問1．創業間もないベンチャービジネスに資金を提供する民間会社をベンチャーキャピタルと呼び，個人投資家を(ビジネス)エンジェルと呼んでいる。なお，キャピタルとは資本という意味。また，エンジェルという用語は，困っている人を助ける天使に例えて使われている。したがって，正解は，この両者の組み合わせである選択肢の**ア**ということになる。

問2．大学が開発した優れた技術の多くが日の目を見ることなく，学内に埋もれているといわれている。そこで，それを積極的に産業界へ移転し，ビジネスに活用しようとする動きがある。その一環として，1998年に施行された「大学等技術移転促進法」に基づき，多くの大学で「**技術移転機関**」(「**TLO**」：Technology Licensing Organization)の設置が進められている。

問3．ベンチャービジネスの卵(起業家)が無事に孵化するよう(事業が軌道に乗るよう)，さまざまな支援を行う機関をビジネスインキュベーターという。インキュベーターの本来の意味は孵卵器である。したがって，正解は**ア**ということになる。

第2回　模擬試験問題解答　（各2点）

1	問1							問2
	男	女	雇	用	機	会	均等法	ア

2	問1	問2			問3	問4
	ウ	アウトソーシング			イ	ア

3	問1	問2	問3	問4			
	3	ウ	ア	国	際	分	業

4	問1	問2	問3			問4	問5	問6
	イ	ア	O	D	A	ウ	イ	ウ

5	問1	問2
	イ	エ

6	問1	問2	問3	問4	問5	問6
	イ	ア	エ	ア	ウ	ウ

7	問1	問2	問3	問4
	イ	ウ	ア	ア

8	問1	問2	問3	問4	問5
	ウ	イ	ウ	ア	イ

9	問1	問2
	イ	ア

10	問1	問2	問3	問4
	ウ	ウ	ア	ア

11	問1	問2				
	ウ	インターネットオークション				

12	問1	問2	問3
	ア	イ	ウ

13	問1	問2	問3	問4				問5	問6
	ウ	ア	ウ	設	立	登	記	イ	イ

第2回　模擬試験問題の解説

1

解説

問1．労働法制の概要がわかっていないと正解が出にくい問いである。解法のポイントになるのは，新聞記事の見出しに記されている「妊娠で降格」と，解答欄の「均等法」である。すなわち，降格の原因が妊娠ということになると，男女間で雇用上の差別があるということになる。そこで，そうした事態の発生を抑止し，男女間で雇用の機会を均等にしようという法律，通称，「**男女雇用機会**」均等法が1986年4月1日に施行された。なお，この法律の正式名称は「雇用の分野における男女の均等な機会及び待遇の確保等に関する法律」である。

問2．3つの選択肢に記述されているものは，どれも近年の経済現象であるが，「産業構造の変化」が問われているので，アの「経済のサービス化・ソフト化」が正解となる。つまり，今日のように，サービス業の市場規模や就業者数の割合が他の産業に比べて大きい状態をサービス経済化または経済のサービス化という。言い換えるならば，経済の中心が，第一次産業や第二次産業から，第三次産業に移った状態である。また，ソフト化というのは，企業経営において，商品企画，市場調査，研究開発，広告宣伝などのソフト部門の重要性が増し，商品についても，単なるモノ（ハード）ではなく，付加価値（ソフト）のついたモノでなければ，なかなか売れなくなった状況をいう。

2

解説

問1・2．一部の社内業務を外部の専門業者に委託することをアウトソーシング（outsourcing）という。その目的は，本文において総務担当常務が主張するように，コストの削減と経営資源の効率的な活用にある。また，市場調査も，しっかりと費用対効果（コストパフォーマンス）を検討したうえで，いわばプロに委託するはずだから，選択肢のアとイの心配はほとんどない。したがって，最も危惧されるのは，情報の漏洩と考えられるので，問1の正解は**ウ**ということになる。なお，問2の正解は，もちろん，「**アウトソーシング**」である。

問3．例えば，警備や清掃業務の社外委託について考えてみよう。小さな企業では，多くの場合，そうした業務は，わざわざ社外に委託するほどの規模にはならない。つまり，アウトソーシングを採用するには，費用対効果（コストパフォーマンス）の観点から，有利になる企業規模もしくは事業規模の水準があるので，正解は選択肢の**イ**ということになる。

問4．総務担当常務がアウトソーシングの対象として具体的に取り上げている業務は，社屋・工場等の清掃・管理・警備，庶務・福利厚生，経理，市場調査である。要するに，これらの多様な業務を，外部の専門企業に代行させようというのである。したがって，正解は選択肢の**ア**ということになる。

3

解説

問1．文中の表には，M国の労働者の数は30人（＝10人＋20人）と記されている。したがって，彼らが全員コメを生産すれば，「**3**」トン（＝30人÷10人×1トン）得ることができる。

問2．M国とN国との間で労働生産性を比較すれば，コメと自動車のどちらについても，M国の方に絶対優位がある。また，それぞれの国内で労働生産性を比較すれば，M国ではコメに，N国では自動車に相対優位がある。第三段落の冒頭では相対優位について記述されている。そのことは，　B　の直前に「両国がともに自国内で」と書かれていることからわかる。しかし，あわてて選択肢のイを選ぶと不正解になる。なぜならば，下線部(a)のイギリスの経済学者は，本文に記述されている学説を「比較」生産費説と名付けたからである。したがって，正解は**ウ**となる。

問3．リカード，マルサス，ケインズは，いずれも偉大な経済学者である。選択肢イのマルサスは，過少消費説や有効需要論を唱えた人物として知られ，その著書に『人口論』がある。ウのケインズは，有効需要の原理に基づき，若手学者集団を率いてマクロ経済学を確立させた。その著書には『雇用・利子および貨幣の一般理論』がある。正解の**ア**に記されているリカードは，自由貿易を擁護する理論を唱えたイギリスの経済学者である。その理論こそが，各国が比較優位に立つ産品を重点的に輸出することで経済厚生は高まるとする「比較生産費説」である。彼は古典派経済学の学者のなかで最も影響力のあった一人といわれ，経済学のなかではアダム・スミスと並び称される。彼は実業家としても成功し，多くの財を築いた。

問4．下線部(b)は，各国がそれぞれ得意な商品だけをつくり，それらを交換すること，と要約できる。つまり，それは国際間での分業のことであるから，「**国際分業**」と答えれば正解となる。

4

解説　問1．日本政府は，開発協力大綱で，新たに「ODA卒業国」も戦略的に重要と判断した場合には支援できるようにした。政府が当面，想定しているのは，カリブ諸国のバルバドス，トリニダード・トバゴなど4か国である。政府がカリブ諸国のような小国に焦点を当てるのは，国連安全保障理事会の常任理事国入りを目指す日本として，国連改革にあたり，支持国をより増やしたいからである。こうした事情があるため，わが国政府は，中国の動きが気になっているのである。なぜならば，中国は，2015年1月，中南米やカリブ諸国との間で閣僚級会談を北京で開き，総額300億ドルの借款(しゃっかん)の供与や投資の拡大を約束したからである。よって，正解は選択肢の**イ**である。

問2．1の「直接投資」と2の「証券投資」(間接投資)とを対比させて考えるとよい。前者は外国企業の株式をできるだけ多く取得し，その会社における経営上の発言権，すなわち「経営権」を得ようとするものである。一方，後者の場合には，投資家と外国企業との間に，株券に限らず，社債券やコマーシャルペーパー(通称はCP：Commercial Paper)など，さまざまな有価証券が介在する。両者の関係は，あたかも物々交換と，貨幣が介在する売買との関係のようなものである。正解は選択肢の**ア**である。

問3．下線部(a)は，(政府が行う)公の開発援助と言い換えることができ，さらにそれを英訳すると「Official Development Assistance」となる。したがって，その頭文字3つをとって「**ODA**」と答えればよい。

問4．わが国において，ODAの予算は，1997年度の1兆1,687億円をピークに減少傾向にあり，2015年度予算案では5,422億円とほぼ半減した(右図参照)。正解は選択肢の**ウ**である。

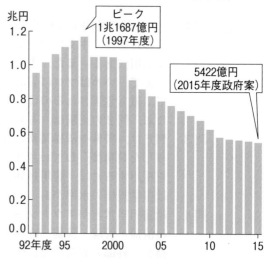

日本のODA予算(一般会計当初予算)

問5．3つの選択肢のうち，アの「レバレッジ」とは，小さい力で大きなものを動かす「てこの力」という意味である。金融の世界では，少ない資金で，さまざまな仕組みを施した大きな勝負に出て，多額の収益を上げることをレバレッジ効果と呼んでいる。ウの「FX」は，外国為替証拠金取引の通称(略称)である。正解は**イ**の「デリバティブ」であるが，その意味は，(本来のものから)派生したものということである。

問6．1990年代以降の日本と中国の関係を表した言葉に「政冷経熱」というのがある。これは，両国の関係が，政治分野では冷却しているが，経済分野では過熱しているという意味の，胡錦濤(こきんとう)による造語である。この言葉から，選択肢のアは正解ではないことがわかる。イは，一見すると正解であるように思えるが，実際の金利と投資コストは相対的な関係にあるので，これを選ぶわけにはいかない。したがって，正解は**ウ**ということになる。例を挙げて説明してみよう。今ここに100万円の資金を有し，それを定期預金で運用しようと考えている投資家がいたとする。そして，現在の預金金利(年利率)は日本で1％，アメリカで3％，為替相場は「1ドル＝180円」であったとする。しかし，彼は，1年後，為替相場は「1ドル＝176円」の円高ドル安になると予想している。この場合，彼は，金利は高くても米ドル定期預金を選択せず，金利の低い国内の定期預金を選ぶ。なぜならば，彼の予想通りになれば，1年後の元利合計は，それぞれ次のように計算されるからである。

【日本の定期預金を選んだ場合】100万円×（1＋1％）＝<u>1,010,000円</u>

【アメリカの定期預金を選んだ場合】100万円×（1＋3％）×$\frac{176円}{180円}$＝<u>1,007,111円</u>

5

解説　問1．債務者から債権者に向けて決済をする方法を並為替，または順為替，送金為替という。この名

称は，債務者による支払いの指図が，資金と同じ方向に流れていくことに由来する。一方，債権者が債務者から資金を取り立てる方法を逆為替，または取立為替という。この名称は，取り立ての指図は，資金とは逆の方向に流れていくことに由来する。本文には，債権者のA社が，輸出代金を債務者のB社から取り立てる様子が記述されている。したがって，正解は選択肢のイということになる。

問2．売上高，すなわち取引金額は，1回目の取引では30万ドル，2回目の取引では40万ドルであるから，2回目の方が大きい。したがって，4つの選択肢のうち，アとイは排除される。一方，2月3日（1回目の取引の入金日）から9月5日（2回目の取引の入金日）の間に，為替相場は1ドルが118円69銭から117円23銭に変動した。この変動は「円高・ドル安になった」と表現されるので，正解はエということになる。

6

解説　問1．投資にリスクはつきもので，投資をする限りは，リスクの解消（選択肢のウ）はあり得ない。意味的には，アの「リスクの低減」でも，イの「リスクの分散」でもよいように思われるが，要するに，手持ちの資金を分けて，さまざまなものに投資し，全体としてリスクを散らすということなので，イが正解ということになる。なお，リスクの分散に配慮した投資を分散投資という。

問2．3つの選択肢のうち，アの「ディスクロージャー」は情報開示と邦訳されているので，これが正解である。イの「フェアトレード」は公正取引，または公平貿易などと訳されるが，具体的には，開発途上国の原料や製品を適正な価格で継続的に購入することを通じ，立場の弱い途上国の生産者や労働者の生活改善と自立を目指す運動のことである。したがって，一言でいえば「適正な報酬での取引」ということになる。ウの「オープネス」は開放性と訳されている。

問3．4つの選択肢のうち，アの「出資取締法」の正式名称は，「出資の受入れ，預り金及び金利等の取締りに関する法律」である。イの「紙幣類似証券取締法」は，明治39年に公布された意外に古い法律で，その目的は，紙幣類似の作用・機能を有する物の発行等を取り締まることにある。したがって，この2つは下線部(b)の内容とは無関係である。ウの「金融サービス提供法」は，金融商品の販売および金融商品販売業者等に関する規律を定める法律で，正式名称は「金融サービスの提供に関する法律」である。そして，エの「金融商品取引法」は，証券市場における有価証券の発行・売買その他の取引について規定した法律で，以前は「証券取引法」という題名であったが，金融先物取引法などの金融商品に関する法律群をこの法律に統合し，名称を「金融商品取引法」に改題して，2007年9月30日に施行された。一般的には，略称の金商法で呼ばれる。これだけでは，どちらが正解なのか，なかなかわからない。そこで実際に条文にあたってみると，金商法第1条（目的）の冒頭に，「この法律は，企業内容等の開示の制度を整備するとともに，金融商品取引業を行う者に関し必要な事項を定め…」とある。つまり，金融商品取引業者に対して，必要な事項として情報開示を求めているのである。したがって，エが正解となる。

問4．3つの選択肢のうち，アの「REIT」（リート）は不動産投資信託，イの「ETF」は上場投資信託，そしてウの「CD」は譲渡性（定期）預金のことである。下線部(c)には各種不動産が投資対象として羅列されているので，正解はアということになる。

問5．選択肢のアとイに記されている「バーチャライズ」とは，仮想化という意味なので，この2つは下線部(d)の内容とは無関係である。下線部(d)には「有価証券という形で」と記述されているので，「証券化」が記されているウかエのどちらかが正解である。ところで，投資には，自己責任の原則があるので，損失発生の責任転嫁はあり得ない。したがって，正解はエではなく，ウの方である。

問6．投資信託は，商品を組成した投資法人などが借り手（投資対象）と貸し手（投資家）の間に介在するという点で，間接金融の一類型に属する。その一方で，不特定多数の投資家に受益証券などの形で権利が留保され，その権利を市場で取引できるという点で，「市場型」という文言が冠され，その取引は「市場型間接金融」と称されている。したがって，正解は選択肢のウである。

7

解説　問1．3つの選択肢のうち，アは取引上の循環，イは経営上の循環，そしてウは経済上の循環という意味であるが，個々の取引は直線的な相互交換であり，循環の形態はとらない。また，下線部(a)は，中ほどに「営業活動への」と記されているので，経済循環のようなマクロ的なものを記

述しているわけではない。以上のことから，**イ**を選ぶことになる。

問 2．金融(ファイナンス)は，借り手または資金使途によって企業金融(産業金融)と個人金融(消費者金融)に大別される。さらに，産業金融は，日常的な売買に必要な資金を手形割引や手形貸付によって融資する短期金融と，設備投資や資本提携，企業買収などに必要な資金を貸付証書によって融資する長期金融とに分けられ，前者を商業金融，後者を狭い意味での産業金融と呼ぶことがある。なお，アメリカのインベストメントバンクに由来する投資銀行は，証券取引免許を持つ金融機関の通称なので，下線部(b)の記述とは無関係である。したがって，正解は選択肢の**ウ**ということになる。蛇足ながら付け加えると，「投資銀行」という名称は，日本の銀行法を含む金融法関連法群では，使用が認可されていない。

問 3．本文を読めば，運転資金は短期資金でよいが，設備資金には長期資金が必要なことがわかる。一方，流動負債とは 1 年以内に返済しなければならない他人資本のこと，固定負債とは満期までの期間が 1 年を超える他人資本のこと，そして，純資産とは株式の発行などで充当される自己資本のことである。これらを適切に組み合わせると，以下のようになるので，正解は選択肢の**ア**ということになる。

●運転資金⇒短期資金⇒流動負債　　●設備資金⇒長期資金⇒純資産または固定負債

問 4．下線部(d)は，随分回りくどい表現になっているが，ここに記述されている一覧表とは，要するに貸借対照表のことである。「右側」とは貸方のことであり，「左側」とは借方のことである。商業高校では，1 年次でほとんどの生徒が簿記を学ぶので，正解が選択肢の**ア**であることは自明の理であろう。なお，目ざとい解答者は，⑧の文中の表を参照して，正解を得ることもできよう。

⑧

解　説　問 1．下線部(a)には，その直後に計算式が示されているので，その通りに計算すればよい。ただし，「自己資本」と「総資本」の意味がつかめていないと対応できない。自己資本とは，⑦の問 3 の解説で記したように，株式の発行などで充当される純資産，すなわち「純資産合計」(5,418万円)のことである。一方，総資本とは，他人資本と自己資本の合計，つまり「負債及び純資産合計」(9,906万円)のことである。要するに，この問いでは，自己資本が5,418万円であることがわかれば，わざわざ面倒な計算をしなくても，正解の**ウ**が出てくるようになっているのである。

問 2．「(a)自己資本比率＝自己資本÷総資本」という計算式において，下線部(a)を高める方法は，自己資本を大きくするか，総資本を小さくするか，のどちらかである。もちろんその両方を行ってもよいが，以下にこの二つの方法を詳述する。

〔自己資本を大きくする〕

自己資本，すなわち「純資産合計」を大きくすればよい。表記の貸借対照表を見る限り，考えられるのは，①新株を発行して「資本金」を増やす，②税引き後純利益を配当せずに「(利益)剰余金」として企業内に留保する，のどちらかである。

〔総資本を小さくする〕

貸借対照表では「借方合計＝貸方合計」，すなわち「資産合計＝負債及び純資産合計」が成り立つので，総資本を減らすためには資産(合計)を減らせばよい。

以上の 2 つの方法に該当する選択肢は**イ**である。

問 3．下線部(b)の「他人資本」とは借金，すなわち，流動性・固定性を問わず負債全般のことである。したがって，表中の「負債合計」：4,488万円，すなわち選択肢の**ウ**が正解ということになる。

問 4．自己資本とは純資産のことであり，資本金と内部留保(剰余金)のことである。それに対し，他人資本とは，問 3 の解説にあるとおり負債のことであり，買掛金などの仕入債務，借入金，そして，社債などである。下線部(c)で記述されている自己資本比率の上昇の背景には，増資(株式の発行)や内部留保(剰余金)の積み上げか，借入金や社債の発行を減少させたことが予想できる。これらのことから，選択肢の**ア**が正解である。イを行うと他人資本が増加し，自己資本比率は低下するので誤答である。ウは自己資本の減少を招くことであり，これも誤答である。

問 5．戦後の日本は余剰資金が大幅に不足し，株式市場や債券市場といった資本市場に十分な資金が集まらず，企業が資本市場から資金を調達する直接金融を行う環境が整っていなかった。そのため，国が長期信用銀行などの特殊銀行を設立して，未成熟な資本市場の代わりに間接金融による資金調達をさせていた。このような，銀行と強く結びつき安定した資金を調達する形が，資金調達面の日本的経営の特徴であった。正解は**イ**である。その後，日本の経済は成長し，企

業や家計の余剰資金が資本市場に流れ込むようになり，1980年代半ばには，大企業が銀行に頼らず，資本市場から資金を調達する流れを意味する証券化（セキュリタイゼーション）という言葉が登場するなど，直接金融による資金調達が活発に行われるようになった。

9
解説 問1・2．本文はかなり逆説的な内容になっているが，ある面で事の本質を突いているといえなくもない。問1も問2も，最近よく耳にする用語に着目すればよい。すなわち，それは選択肢イの「グローバルスタンダード」と，アの「クールジャパン」である。他の選択肢は，それなりに納得はさせられるが，あまり聞き覚えのない用語などが入っていたりして，違和感があるので，正解を導き出すのはそれほど難しくないだろう。

10
解説 問1．希少な財（生産物）を分けようとする場合，これに価格をつけ，売り手と買い手の希望が一致するところ，すなわち需要と供給のバランスがとれるところで配分を実行する仕組みを市場メカニズムという。そして，これが，資源を最も効率的・合理的に配分する方法であるといわれている。資源の効率的・合理的な配分という意味を持つものを，3つの選択肢のなかから選ぶと，ウということになる。

問2．3つの選択肢をそれぞれそのまま解釈すると，アの「規制排除」とは，規制を押しのけ取り除くこと，イの「規制撤廃」とは，規制を取り除いてやめること，そしてウの「規制緩和」とは，規制を緩めたり和らげたりすることとなる。下線部(a)の意味に最も近いのはウである。

問3．正解は，古典派経済学の中心的な人物，「アダム・スミス」（選択肢のア）である。彼は，その著書『国富論』のなかで，「経済の世界では，（神の）見えざる手が働いて，自然にモノの値段や作られる量が調節され，最後には必要なものが必要な分だけ作られるような性質がある」と論じた。「神の」に（ ）が付けられているのは，彼は「見えざる手」といっただけだからである。ちなみに，彼は「さまざまな産業で分業体制をとることによって，私たちの経済は豊かになっていく」と論じ，分業の有用性をも指摘した。なお，マーシャルとピグーは師弟関係にあり，マーシャルは，自らの著書『経済学原理』のなかで，需要と供給の理論，すなわち限界効用と生産費用の首尾一貫した理論を束ね合わせた。ピグーは「厚生経済学」と呼ばれる分野の確立者として知られ，古典派経済学が影響力を失っていくなかで，最後までその立場を擁護した。

問4．個人や企業が神の見えざる手に従った（自らの利潤を最大化しようと利己主義的に行動した）ことで，最適ではない（社会的に望ましくない）結果がもたらされる場合がある。例えば，独占や寡占，失業や公害，貧富や地域格差などであるが，これらを総称して「市場の失敗」という。身近なところでは，公共財の供給において見られる。なぜならば，公共財は社会にとって不可欠であるが，それをいくら供給しても，何の利潤ももたらされない。そのため，敢えてそれを供給しようとする者が出てこないのである。そこで，市場の失敗に対しては，政府が市場に介入して補正することになる。したがって，正解は選択肢のアである。

11
解説 問1．「企業」はビジネス（business），「消費者」はコンシューマー（consumer）と英訳され，さらにそれぞれ「B」「C」と略されている。この点から下線部(a)と(c)を検討すると，選択肢のイとエはどちらも略称が逆になっていることがわかる。また，略称間の前置詞は，商品の流れを示している。すなわち，下線部(b)は，商品が企業から消費者へと流れていく取引なので，「from B to C」ということになる。したがって，正解はウである。

問2．出品された商品が偽物やまがい物であったり，不良品であったり，そもそも送られてこなかったりと，さまざまな問題が生じているようではあるが，消費者どうしの「インターネットオークション」は，もはやわれわれの生活に根差した身近なものになっている。

12
解説 問1．下線部(a)・(c)・(e)をそれぞれ図示すると次のようになる。
(a)：浦佐酒造㈱ ⇒ 輸出商社 ⇒ 輸入業者　　　能代酒造㈱ ⇒ 輸出商社 ⇒ 輸入業者
(c)：浦佐酒造㈱＝（インターネット）⇒ 輸入業者
(e)：能代酒造㈱＝（F食品販売会社）⇒ 輸入業者　　　※F社は能代酒造の販売子会社

したがって，選択肢の**ア**が正解である。

問2．企業経営において何を目的として活動し，どのような会社にするかを定めたものを「経営理念」または企業理念という。したがって，選択肢の**イ**が正解である。ちなみに，ウの「経営政策」とは，経営理念を実現するための具体的な方針とそれを実行するための工夫のこと，アの「経営戦略」とは，経営理念を実現するための手段と方法を体系化したものと考えることができる。

問3．子会社については，会社法第2条のⅢに「会社がその総株主の議決権の過半数を有する株式会社その他の当該会社がその経営を支配している法人として法務省令で定めるものをいう」と規定されている。わかりやすくいうと，子会社とは，株主総会など，財務及び営業（事業）の方針を決定する機関を，他の企業によって支配されている企業のことである。したがって，他の企業を子会社化するためには，とにかくその企業の議決権の過半数を所有しなければならない。つまり，能代酒造がF社を子会社化するためには，最低50％を超える出資比率が必要となる。よって，正解は選択肢の**ウ**である。

13

解 説

問1．3つの選択肢のうち，アの「社名」は法律用語ではない。イの「商標」とは，文字，図形，記号もしくは立体的形状，もしくはこれらの結合またはこれらと色彩との結合で，事業者が商品または役務との関係で使用するもの（商標法第1条第1項）と規定されている。一方，ウの「商号」とは，例えば，駿河屋，トヨタ自動車株式会社のように，商人が営業上，事実上の活動で自己を表章する名称で，主に商法・会社法により規制されている。下線部(a)は，直後に記されている「株式会社Mottys」からもわかるように，商号に該当する。したがって，正解は**ウ**である。

問2．会社法の第27条には「株式会社の定款には，次に掲げる事項を記載し，又は記録しなければならない。Ⅰ．目的　Ⅱ．商号　Ⅲ．本店の所在地　Ⅳ．設立に際して出資される財産の価額又はその最低額　Ⅴ．発起人の氏名又は名称及び住所　Ⅵ．発行可能株式総数」と規定されている。つまり，定款は，これらの記載事項のうち，一つを欠いただけでも無効になってしまうのである。文中の(1)〜(4)の内容を精査すると，この6つが漏れなく盛り込まれていることがわかる。これらは，絶対に記載しなければならない事項という意味で，「絶対的記載事項」と称されているので，正解は選択肢の**ア**である。ちなみに，イの「相対的記載事項」とは，記載された場合に限ってその効力を生ずる事項，ウの「任意的記載事項」とは，強行法規などに反しない限り自由に記載できる事項のことである。

問3．会社の目的，組織，活動などについて基本的な事項を定めた，会社にとっての憲法とも言い得るような重要なものを「定款」という。したがって，選択肢の**ウ**が正解である。会社法第26条第1項には「株式会社を設立するには，発起人が定款を作成し，その全員がこれに署名し，または記名押印しなければならない」と，また，同第30条には「定款は，公証人の認証を受けなければ，その効力を生じない」と規定されている。

問4．会社法第49条には「株式会社は，その本店の所在地において設立の登記をすることによって成立する」と規定されている。つまり，株式会社を設立するための最後の手続きは，「**設立登記**」なのである。

問5．株式会社の設立方法には，会社法第25条第1項のⅠが規定する「発起設立」と，同項のⅡが規定する「募集設立」の2種類がある。前者は，発起人が設立時に発行する株式の全部を引き受ける方法であり，後者は，会社を設立の際に発行する株式の一部だけを発起人が引き受け，残りについては，一般からの公募あるいは縁故募集の方法で株主を募集する方法である。文中では，中ほどに設立方法が箇条書きで記述されているが，それは発起設立に該当するので，選択肢の**イ**が正解となる。

問6．代表取締役社長に就任した持田は，まず，経営理念を明確に述べ，次に，それを実現するための方向性を4つ具体的に示したが，こういったものを「経営方針」というので，選択肢の**イ**が正解である。ちなみに，アの「経営原則」とは，経営活動上の根本的な規則のこと，ウの「経営戦術」とは，経営戦略を実現するための一つひとつの手段や方法のことである。

第3回　模擬試験問題解答　（各2点）

	問1	問2		問3	問4
1	イ	労働力人口		ウ	ア

	問
2	イ

	問1	問2	問3
3	ウ	ウ	TPP

	問1	問2	問3
4	ウ	カ	ウ

	問1	問2	
5	ア	タックス（・）ヘイブン （租税回避地）	

	問1					問2		問3	
6	リ	ス	ク	ヘ	ッ	ジ	100　万円	850　万円	

	問1	問2	問3
7	株式公開 （IPO）（新規公開）（公開）	ウ	イ

	問1					問2	問3	問4
8	リ	ー	マ	ン	ショック	イ	ウ	ア

	問1	問2			
9	ウ	間	接	金	融

	問1	問2
10	イ	イ

	問1	問2	問3		
11	グリーン購入 （グリーン調達）	ウ	エ	コ	ファンド

	問1	問2	問3			問4	問5	問6
12	ウ	ア	合	弁	会社	ア	イ	カラーテレビ
	問7	問8	問9	問10				
	イ	ウ	イ	ア				

	問1	問2	問3	問4	問5	問6	問7				
13	エ	イ	ア	ウ	ア	ア	パ	ブ	リ	シ	テ	ィ
	問8	問9	問10								
	ウ	イ	ウ								

（　）内は別解。

第3回　模擬試験問題の解説

解　説　問１．経済学や経営学，マーケティング論といった社会科学系の学問に関する事象について問われた場合，まずは，それを一般常識の観点から考え，そしてさらに専門的な知識をもって検討し，最後に，最新の情報によって現実的な修正を加えて答を出す，という手順が求められる。文中の左のグラフは，日本の女性には，「30～34歳」を中心にして，「25～39歳」でいったん仕事を辞める(離れる)傾向があるということを示しており，ここではその理由が問われている。この問いに対しては，一般常識の観点だけで正解を得ることができる。すなわち，最近の若い夫婦は，子どもができるまでは夫婦ともに働き，余暇時間を積極的に楽しんだり，優雅に過ごしたりしている。また，「25～39歳」の女性の親の年齢は，せいぜい「55～70歳」といったところであり，介護が必要になるまでにはまだ10年ほどの猶予(ゆうよ)がある。こうした観点からすると，選択肢のアとウは当てはまらないことがわかる。したがって，正解はイの「子育て」ということになる。

問２．15歳以上の人口を生産年齢人口というが，そのなかには専業主婦や学生など労働能力はあってもその意思を持たない者，あるいは病弱者や老齢者など労働能力を持たない者も存在する。それらの合計を非労働力人口というが，その数を生産年齢人口から差し引いたものを労働力人口という。すなわち，**労働力人口**とは，15歳以上で労働する能力と意思を持つ者の数のことである。なお，これは統計調査上の概念であり，日本の労働力調査(1946年以降，総務省統計局が毎月発表)では，生産年齢人口のうちの就業者(休業中の者を含む)と完全失業者の合計((a)現在働いている人と求職中の人の合計)ということになっている。

問３．「(b)労働力率」とは，「(a)現在働いている人と求職中の人の合計が全体に占める割合」であり，「(c)就業率」とは，現在「働いている人の割合」である。したがって，「(b)労働力率」－「(c)就業率」＝「求職中の人(完全失業者)の合計が全体に占める割合」，ということになるので，選択肢**ウ**の「完全失業率」が正解となる。

問４．下線部(d)の「非正規雇用」を法的な雇用形態の分類から定義すれば，有期契約労働者，派遣労働者(登録型派遣)，パートタイム労働者のうちの，いずれか一つ以上に該当するような労働者の雇用を指すことが一般的である。具体的には「パートタイマー」，「アルバイト」，「契約社員」(期間社員)，「契約職員」(臨時職員)，「派遣社員」(登録型派遣)と呼ばれるような職員の雇用が非正規雇用になる。したがって，選択肢の**ア**が正解である。

解　説　問．　大きなスポーツイベントを「実際に競技場で見せる」⇒「テレビで中継する」⇒「インターネットで配信する」⇒「パブリックビューイングで見せる」。スポーツイベントを情報としてとらえるならば，これはまさに情報の提供方法の変遷である。一方，街中のゲームセンターの客が中高生から高齢者に変わりつつあるという。ゲームというエンターテインメントを情報としてとらえるならば，客は情報の提供対象である。したがって，正解は選択肢の**イ**である。

解　説　問１．下線部(a)の「自由貿易協定」は「Free Trade Agreement」の，下線部(c)の「経済連携協定」は「Economic Partnership Agreement」の和訳である。したがって，多くの場合，それぞれFTA，EPAと略称されるので，選択肢の**ウ**が正解である。なお，EMUとは，「Economic and Monetary Union」(経済・通貨同盟)の略称であり，それは地域経済統合の一つの形態である。ところが，その典型として欧州通貨統合(欧州連合の経済・通貨統合)があるため，EMUは「European Monetary Union」の略称であるとの誤解が一部で生じている。そもそも経済学において，通貨統合とは複数の国が単一通貨を共有することで合意している状況をいう。欧州連合における経済・通貨統合には，経済政策の調整と欧州連合の単一通貨であるユーロ導入の実現に至るまで３つの段階がある。欧州連合のすべての加盟国はこの経済・通貨統合に参加していることになっているが，第３段階に至ってユーロを導入しているのは20か国で，デンマークやスウェーデンなどはこの第３段階を受け入れておらず，今日でも，それぞれデンマーク・クローネやスウェーデン・クローナなど，従来の通貨を使用している。

問２．選択肢アは，北米(North America)に位置する３か国間での自由貿易協定(FTA)であり，

「NAFTA（North American Free Trade Agreement）」（北米自由貿易協定）と略称されている。現在は，USMCAに置きかわっている。イの「APEC」（Asia-Pacific Economic Cooperation）は，アジア太平洋経済協力と訳される地域経済統合であり，わが国をはじめ，アメリカ・カナダ・オーストラリア・ロシア・中国・韓国など，21の国と地域が参加している。また，ウの「MERCOSUR」は，南米南部共同市場と訳される地域経済統合であり，参加国はアルゼンチン・ボリビア・ブラジル・パラグアイ・ウルグアイ・ベネズエラの6か国である。下線部(b)に当てはまるのはウである。

問3．2013年3月15日，内閣総理大臣安倍晋三（当時）は，日本が環太平洋戦略的経済連携協定（「TPP」：Trans-Pacific Strategic Economic Partnership Agreement）の交渉に参加することを発表した。この協定は，環太平洋地域の国々による経済の自由化を目的とした多角的な経済連携協定（EPA）であり，単に「Trans-Pacific Partnership」と呼称されたり，環太平洋経済協定，環太平洋連携協定，環太平洋経済連携協定，環太平洋パートナーシップ協定と和訳されたりすることもある。わが国は，TPPの交渉に参加することにより，各国，とりわけアメリカから，さまざまな要求を突き付けられ，対応を迫られることになった。アメリカ合衆国通商代表部は，2011年に公表した「外国貿易障壁報告書」のなかで，以下のものをわが国の貿易障壁として挙げている。①農林水産物の輸入政策，②郵政・保険・金融・物流・電気通信・情報技術（IT）・司法・医療・教育のサービス障壁，③知的財産保護及び執行，④建設建築及び土木工事・情報通信（IT）の政府調達，⑤投資障壁，⑥反競争的慣行，⑦透明性・商法・自動車及び自動車部品・医療機器及び医薬品・血液製剤・栄養補助食品・化粧及び医薬部外品・食品及び栄養機能食品の成分開示要求・航空宇宙・ビジネス航空・民間航空・運輸及び港湾。

4

解説　問1．本文の2行目に記されている一次産品とは，産出される製品のなかで，自然から採取されたままの加工されていない物をいう。米や小麦などといった農産物や，錫や石油などといった資源などがこれに当てはまり，開発途上国の主要な輸出品となっている場合が多い。これに対して，それらが加工された後の状態である工業製品のことを二次産品という。 A と C には一次産品（原材料）と二次産品（工業製品）の交換取引が， B と D には二次産品（工業製品）どうしの交換取引がそれぞれ入るが，これらを貿易として見た場合，前者を垂直貿易，後者を水平貿易という。したがって，正解は選択肢のウということになる。

問2．事例の〔Ⅰ〕は繊維産業と自動車産業との間での取引，〔Ⅱ〕は自動車産業内での取引，そして〔Ⅲ〕はF社という一多国籍企業内での取引（親子会社間での取引なので，厳密には同一資本内での取引）である。したがって，それぞれ順に③産業間貿易・②産業内貿易・①企業内貿易に該当するので，正解は選択肢のカである。

問3．

わが国の地域別貿易構造の変化

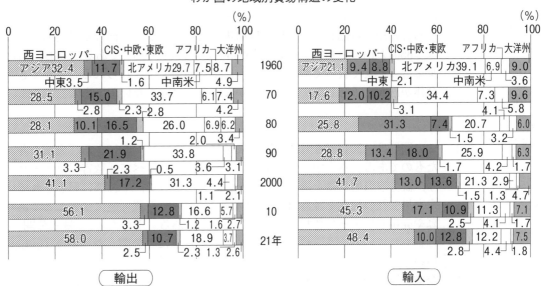

※経済産業省資料などから作成。

上のグラフにおいて，アジアと北アメリカが占める割合を合計すると，それは輸出入のどちらにおいても，ほぼ一貫して全体の過半数以上を占めていることがわかる（下表参照）。また，輸

出入のどちらにおいても，アジアの増加，北アメリカの減少が容易に見て取れる。したがって，正解は選択肢の**ウ**である。

アジアと北アメリカの割合の合計

	1960年	1970年	1980年	1990年	2000年	2010年	2021年
輸　出	62.1%	62.2%	54.1%	64.9%	72.4%	72.7%	76.9%
輸　入	60.2%	52.0%	46.5%	54.7%	63.0%	56.6%	60.6%

5

解説 問1．資金を集めて投資を行う組織を投資ファンド（investment fund）という。その資金の集め方には公募と私募があり，通常の投資信託は公募によって一般から広く小口の資金を集めて大規模なファンドを形成することを目指す。これに対して，私募によって機関投資家や富裕層などから私的に大規模な資金を集め，金融派生商品などを活用したさまざまな手法で運用するファンドがあるが，これを「ヘッジファンド」（hedge fund）という。その購入方法には，機関投資家が証券会社を経由して投資する方法と，個人投資家が投資助言会社を経由して直接運用会社の提供する商品に投資する方法とがある。したがって，正解は選択肢の**ア**であり，他の3つはダミーである。

問2．金融の世界でオフショア地域とは，税制などが優遇される国際金融市場を指す。オフショアは「**タックス（・）ヘイブン**」（tax haven：「**租税回避地**」）とも呼ばれ，世界各地に点在する。そして，その地域内で運用される資金には，株式の売買による譲渡税，利子・配当税，給与・事業に対する所得税や法人税がまったくかからないか，かかってもその税率は極めて低い。

6

解説 問1．身体に危害が及ぶ可能性をデンジャー（danger）というのに対して，経済的な損失を被る可能性をリスクという。外貨建て取引には為替上のリスクが付き物であり，損失の発生を回避するには，「外貨建て債権＝外貨建て債務」という形で両掛けすればよい。この手法を「**リスクヘッジ**」（risk hedge）という。池上フーズ㈱は，「1ドル＝115円30銭」のときに500万ドルの生産設備を輸入した。代金の決済（支払い）は3か月後であるが，そのときには円安になると予想して，あらかじめ，「1ドル＝117円丁度」で500万ドルの債権を得ておいた。すなわち，「『1ドル＝117円』までの円安による為替差損は容認するが，それ以上は回避する」という姿勢をとったのである。果たして3か月後，為替相場は「1ドル＝117円20銭」となり，同社はこの相場で500万ドルの債務を負った。しかし，リスクヘッジにより，1ドルにつき20銭（117円20銭－117円00銭）の為替差損を回避することができたのである。

問2．問1の解説から，池上フーズ㈱がリスクヘッジによって免れた為替差損の総額は，「**100**」万円（＝20銭×500万ドル）であることがわかるだろう。

問3．同じく問1の解説に示されているように，池上フーズ㈱は「1ドル＝117円」までの円安による為替差損は容認し，それ以上は回避したわけだから，同社が最終的に被った為替差損の総額は「**850**」万円〔＝（117円00銭－115円30銭）×500万ドル〕である。なお，同社は，先物取引でドルをもっと安く買っておけば，さらに多くの損失を免れられることができたのであるが，市場全体が円安を予想していると，なかなかそうはいかないのである。

7

解説 問1．この問題は，2014年9月30日に発表された「ローソン」による「成城石井」の買収を題材にしたものである。本文中の「北条美山」の株式は，すべて「数寄屋橋キャピタル」が所有しており，証券取引所には上場されていない。したがって，下線部に記述されている株式の上場は，未上場会社の株式を証券市場（株式市場）において売買可能にすることであり，また，株式を公募や売出しによって新規に公開することでもある。そのため，「**株式公開**」，または「**新規公開**」と称されている。さらに，略称として，ただ単に「**公開**」や「**IPO**」（initial public offering）が用いられることもある。

問2．企業の合併や買収を総称して「M&A」（mergers and acquisitions）という。すなわち，他の企業を取得しようとする場合には，次の2つの手段がある。

　　合併（M：mergers）…相手先企業を，自社やその子会社などに吸収合併させる。
　　買収（A：acquisitions）…相手先企業を，その株式を買収して子会社化する。

したがって，正解は選択肢の**ウ**であるが，本文に記述されているのは，このうちの後者である。なお，アの「TOB」(take-over bid：株式公開買付け)とは，ある株式会社の株式などについて，「買付け期間・買取り株数・買取り価格」を公告し，不特定多数の株主から株式市場外でそれを買い集める制度のことである。イの「LBO」(leveraged buyout)とは，相手先企業の資産やキャッシュフローを担保にして資金を調達し，それでその企業を買収して，その後，買収した企業の資産の売却や事業の改善などを行うことにより，キャッシュフローを増加させて負債を返済していく手法である。少ない自己資本で相対的に大きな資本の企業を買収できることから，梃の原理になぞらえて「レバレッジドバイアウト」と称される。要するに，TOBもLBOもM&Aの手段なのである。

問3．3つの選択肢のうち，アの「先物取引」とは，いわゆるデリバティブの一つで，価格や数値が変動する各種有価証券・商品・指数などについて，特定の価格や数値での将来の取引を保証するものをいう。また，イの「相対取引」とは，市場を介さずに当事者どうしで行う売買のことで，取引価格は双方の合意により決定される。つまり，取引を行う者どうしが1対1の関係により，通貨・数量・価格・期日を決めて売買を行う取引のことである。そして，ウの「市場取引」とは，一般的に，不特定多数の取引参加者による競り合いにより，価格などの取引条件が決定される取引のことである。なお，相対取引と市場取引は対をなす概念である。本文には，カールソンと数寄屋橋キャピタルによる，北条美山の株式の相対取引の経緯が記述されているので，**イ**が正解である。

8

解説　問1．2008年9月15日にアメリカ合衆国の投資銀行であるリーマン・ブラザーズ(Lehman Brothers Holdings Inc.)が破綻したことに端を発して，世界的な金融危機が続発的に発生した。この事象を総括的に「リーマン」ショックと呼んでいる。

問2・3．本文3行目に記されている「日本政策投資銀行」は，2008年10月1日に，株式会社日本政策投資銀行法に基づき設立(民営化)された，財務省所管の特殊会社で，日本の政策金融機関である。民営化とはいっても，当分の間は政府がその全株式を保有する会社として運営されており，同行がSPDメモリ社の優先株300億円の引き受けに使った資金は，要するに公的資金である。ちなみに，この問題は，エルピーダメモリへの「公的資金注入」に関する「インサイダー取引」を題材にしたものであり，問2と問3の正解は，それぞれ順に選択肢の**イ**と**ウ**である。なお，インサイダー取引とは，会社の経営・財務など，株式投資判断に影響を及ぼすような重要事項に関する未公開の情報に基づき，会社関係者が，その情報が公表される前にその会社の発行する株式などの取引を行うことで，内部関係者による不正取引と断じられる。文中のキャリア官僚のRは，業務上の地位を利用して，間接的にインサイダー取引を行ったのである。

問4．金融商品取引法は，その第166条で，会社関係者は，上場企業などの業務について重要事実を知った場合は，それが公表された後でなければ，その上場会社などの特定有価証券の売買のほか，有償の譲渡や譲受け，合併や分割による承継，またはデリバティブ取引をしてはならない，としている。さらに，それは，会社関係者でなくなった後1年以内のものについても，同様とする，としている。つまり，インサイダー取引は，「金融商品取引法」によって規制されているので，正解は選択肢の**ア**ということになる。なお，これに違反した場合には，個人は5年以下の懲役もしくは500万円以下の罰金に処され，またはこれを併科される。法人については5億円以下の罰金に処されることになる。インサイダー取引で有名なのはホリエモンが引き起こしたライブドア事件とニッポン放送株にまつわる村上ファンド事件であろう。なお，イの「金融商品販売法」は2021年に金融サービス提供法に改められた。

9

解説　問1．日本銀行は2001年3月19日から2006年3月9日まで量的金融緩和政策を実施していた。この政策は，金利の引き下げではなく，中央銀行の当座預金残高量を拡大させることによって金融緩和を行う政策である。平時であれば，金利を下げていけば経済刺激効果が出て景気は回復するが，深刻なデフレーションに陥ってしまうと，政策金利をゼロにまで持っていっても十分な景気刺激効果を発揮することができない。そこでゼロ金利の状態で，市場にさらに資金を供給するというこの政策がとられたのである。つまり，現状では，市場金利がさらに低下する見込み(余地)はほとんどない。また，有力企業のなかには，設備投資を控えて，銀行からの借り入れ

を増やさないようにしているところはあるが，運転資金の無理な切り詰めを行っているところはほとんどない。なぜならば，それをすると，生産活動や営業活動に支障をきたすからである。したがって，選択肢のアとイは排除され，ウが正解ということになる。今日，有力企業の多くは，利益を内部留保に回したり，増資を行ったりして，自己資本の増強に努めている。その主な目的は，金利の負担を軽減することと銀行による経営への干渉を排除することにある。

問2．下線部(c)に記述されているのは，金融のビジネスモデルである。このモデルでは，資金の提供者(消費者などの預金者)と受け手(企業)の間に，普通銀行などの仲介者が存在する。これを「**間接金融**」といい，資金の提供者は，自分の資金がどこの企業に融資されているのかを知らない。これに対して，社債や株式の発行のように，資金の提供者(投資家)がどの企業に資金を提供するかを直接指定し，受け手に資金を融通する場合を直接金融という。

10
解説　問1．「稟」という字は常用漢字に含まれていないが，稟議制度は，「りんぎせいど」と読み，みんなで了承・納得して事を運ぶ制度のことである。「みんな」とはいっても，もちろん関係者に限られ，全社的・総合的という意味にはならない。したがって，正解は選択肢の**イ**である。

問2．孝司の会社では，意思決定はみんなで行い，了承の流れは「下っ端」(ボトム：bottom)から上司へ，最終的には社長へと上がっていく(アップしていく)。これに対して，トムの会社では，意思決定は社長(トップ：top)一人が行い，それが指示・命令として部下に伝達される(ダウンしていく)。したがって，正解は選択肢の**イ**である。なお，ベースアップ(base up：略称ベア)は，給与の基本給部分に対する昇給額，または昇給率を意味する和製英語。ノックダウン(knock down)とは，ボクシングに代表されるような立ち技系格闘技の試合中に，相手の攻撃を受けて，足の裏以外の部分を地面につける状態のことで，どちらも誤りであることが明白である。

11
解説　問1．国(環境省)が目指す循環型社会を形成するためには，「再生品等の供給面の取組」に加え，「需要面からの取組が重要である」という観点から，平成12年5月に循環型社会形成推進基本法の個別法の一つとして「国等による環境物品等の調達の推進等に関する法律」が制定された。同法は，国等の公的機関が率先して環境物品等(環境負荷低減に資する製品・サービス)の調達を推進するとともに，環境物品等に関する適切な情報提供を促進することにより，需要の転換を図り，持続的発展が可能な社会の構築を推進することを目指しており，一般的にはグリーン購入法と呼ばれている。なお，同法は，国等の各機関の取組に関することのほか，地方公共団体，事業者および国民の責務などについても定めている。正解は「**グリーン購入(グリーン調達)**」である。

問2．通販で送られてくる商品については，梱包材（こんぽう）がやや気になるが，地方の特産品の購入はそれほど頻繁に行われるものではない。ところが，サラリーマンや学生のなかには，朝食は抜きで，昼食はいつもコンビニ弁当，夕食もコンビニ弁当か外食という人もいる。そういう人たちが昼食を終えると，プラスチックの弁当容器やその仕切り，ソースやつゆなどが入っていたビニール袋，割りばし，プラスチックのスプーンやフォーク，それらの外袋などがレジ袋に詰め込まれ，不燃ごみ容器に放り込まれる。5人もいれば，オフィスのごみ容器はいっぱいになる。選択肢の**ウ**は，明らかに環境への負荷が大きい。

問3．従来，投資を行う場合には，とにかく利益率が重視された。ところが，近年では，地球環境への配慮が投資基準に加わり，地球環境を考慮した経営が行われている企業を主な対象とするような投資信託に人気が集まり始めた。そのような風潮に対して，日興証券が1999年，そうした企業の株をより多く組み込んで「日興エコファンド」という名称の投資信託を売り出した。それが皮切りとなって，他社も相次いで同様の商品を販売し，「**エコ**」ファンドが広まった。

12
解説　問1．下線部(a)は「輸入した部品を日本国内で加工して完成し，できあがった製品を輸出すること」と言い換えることができる。したがって，正解は選択肢**ウ**の「加工貿易」である。なお，アの「中継貿易」とは，他国から輸入したものをさらに別の他国に輸出するというもので，加工貿易とは異なり，輸入したものをそのまま輸出することを指し，中間貿易ともいう。また，イの「仲介貿易」とは，海外の輸出者と海外の輸入者との貿易を第三国が取り次ぐ貿易を指す。実

際の商品の受け渡しは，輸出国と輸入国の業者間で行われるが，直接は受け渡しに関わらない第三国の業者が代金の決済を取り次ぐ。３か国が取引に関わるので三国間貿易ともいう。

問２．企業の海外組織の形態には，次のようなものがある。

〔海外駐在員事務所〕現地に常駐する人間を数名配置するが，原則として営業活動は行わず，主に情報の収集や広報活動などに努める。業種によっては，営業活動を行うと，現地または本国の法律で違法になる場合がある。

〔海外支店〕本国の法人が，相手国に申請を行い，出先を設立し，許可を得て営業活動を行う。ただし，海外支店と本国の本社との関係はあくまで本店・支店であるから，両者は債権・債務の関係にはならない。

〔海外現地法人〕現地の会社法に従って設立される新たな会社である。したがって，たとえ100%出資の子会社でも，本国の本社とは債権・債務の関係となる。

一般的な流れとしては，まず，駐在員事務所をおき，情報収集の結果，「いける」と判断したら支店を開設する。そして，業務が軌道に乗り，より一層の拡大を狙う場合には，信用力の高い現地法人の設立へと進む。以上のことから，正解は選択肢の**ア**であることがわかる。

問３．内国資本と外国資本の会社が共同出資して新たな会社を設立し，合弁事業（共同事業）を行うことを目的として運営するものを「**合弁**」会社(joint-venture company)という。その設立は，外国資本による直接投資の一形態である。なお，合弁会社は，国内資本も参加しているため国内法に準拠するが，一般的には外資系企業とみなされる。ただし，経営権の主体は，出資比率によって決定される。

問４．日本のM社と「新会社」の関係は，M社が「新会社」に対して過半数出資しているので，親子関係ということになる。つまり，M社が「**親会社**」（選択肢の**ア**），「新会社」がその子会社と位置づけられる。なお，イの「合資会社」とは，日本の会社法が規定する持分会社の一形態，ウの持株会社(holding company)とは，他の株式会社を支配する目的で，その会社の株式を保有する会社を指す。

問５．３つの選択肢のうち，アの「再輸入」とは，輸出された商品が輸出時の形状や性質のままで再び輸入されること。例えば，キャンセルされた商品の返送や不良品を修理するための返送がこれにあたる。法定期間内に返送され輸入される場合には，関税法上，関税免除の特典がある。なお，輸出された特定の原材料が外国で加工または組み立てられた後，輸入される場合は加工再輸入という。イの「逆輸入」とは，従来は輸出していた製品を生産コストの低い外国で製品化させ，それを本国企業が輸入することで，主に次の３つのケースを指す。①ある国原産の製品が他の国で生産され，それが輸入されること。②ある国の企業が，他の国に設立した現地法人の子会社や現地企業に生産を委託し，そこで生産した製品を輸入すること。③ある国の製品が，他の国に輸出された直後に，もとの製造国へ輸入される場合。そしてウの「並行輸入」とは，海外製品を輸入する際，その製造会社の子会社や正規代理店が輸入・販売するのではなく，他の業者が輸入すること。また，個人による輸入代行も並行輸入に含まれる。輸入ルートが２つ並行することから，並行輸入と称されているが，要するに，非正規ルートの存在である。下線部(e)は，逆輸入の②に該当するので，正解は**イ**である。

問６．貿易摩擦とは，特定国に対する輸出・輸入の極端な偏りから起きる問題で，第二次世界大戦後，日本の経済成長と技術革新に裏打ちされた国際競争力の強化によって，アメリカに大量の日本製品が流入し，日米間でこの問題が深刻化した。具体的には，1960年代後半に繊維製品の，1970年代後半には鉄鋼製品の，そして1980年代にはカラーテレビやVTRをはじめとする電化製品，および自動車の，日本からアメリカへの輸出が急増し，激しい貿易摩擦を引き起こした。本文に記述されている歴史的な順番と深刻さ，「カタカナで答えなさい」という発問文の指示などを考慮すると，ここは「**カラーテレビ**」と答えるべきである。

問７．〔Ⅱ〕では「賃金の安い東南アジアへ進出した」と「それらは，欧米諸国へも販路を広げた」に，〔Ⅲ〕では「日米間で貿易摩擦が深刻な問題になった。…抜本的な解決に至らなかった。そこで，…」に着目すると，正解は選択肢の**イ**であることがわかる。

問８．1944年のブレトン - ウッズ会議は，金本位制に基づく米ドルと連動した通貨の国際的な固定相場制を確立した。しかし，その後，1970年代までに世界各国の経済・貿易・財政規模が著しく拡大し，金の産出量や保有量がその拡大に対応することが困難となった。それに対して，1971年８月15日，アメリカ合衆国大統領リチャード・ニクソンが一方的にドルの金への交換を停止し，金本位制は実質的に終結した。これが，「ニクソンショック」（選択肢の**ア**）である。その後，

アメリカ政府は，先進国との間で，各国通貨を増価するための交渉に入った。そして，1971年12月18日のスミソニアン博物館での会議において，G10は「スミソニアン協定」(選択肢のイ)を締結した。この協定では，各国は米ドルに対して自国通貨を増価することで合意し，固定相場制を終わらせた。さらに，1980年代前半，レーガン政権下のアメリカでは，前政権から引き継いだ高インフレ抑制政策として，厳しい金融引締めを実施していた。その結果，インフレからの脱出には成功したが，莫大な貿易赤字が計上され，財政赤字も累積していった。インフレが沈静した後は金融緩和が進行し，景気回復で貿易赤字増大に拍車がかかった。金利低下により『貿易赤字の国』の通貨であるドルの魅力が薄れ，ドル相場は次第に不安定になった。こうした状況のもと，1970年代末期のようなドル危機の再発を恐れた先進国は，協調的なドル安を図ることで合意した。これが，1985年9月22日にG5(先進5か国蔵相・中央銀行総裁会議)により発表された，為替レート安定化に関する合意，いわゆる「プラザ合意」(plaza accord：選択肢のウ)である。とりわけ，アメリカの対日貿易赤字が顕著であったため，その内容は，実質的に円高ドル安に誘導するものであった。やや長くなったが，以上の記述により，正解はウであることがわかるだろう。

問9．1997年7月よりタイを中心に始まったアジア各国の急激な通貨下落(減価)現象を「(h)アジア通貨危機」と呼んでいる。この通貨下落は，米国のヘッジファンドを主とした機関投資家による通貨の空売りによって引き起こされ，東アジアや東南アジアの各国経済に大きな悪影響を及ぼした。具体的には，「タイ・インドネシア・韓国」(選択肢のイ)がその経済に大きな打撃を受けて，IMFの管理体制に入り，「マレーシア・フィリピン・香港」(選択肢のウ)もある程度の打撃を被った。「中国と台湾」(選択肢のア)には直接の影響はなかったものの，前述の国々との関連で影響を受けた。日本に関しては融資の焦げ付きが多発し，緊縮財政と時機が重なった結果，1997年と1998年における金融危機の引き金の一つとなった。もちろん，正解はイである。

問10．2011年3月11日金曜日14時46分，三陸沖を震源とするマグニチュード9.0の巨大地震が発生した。直後に襲ってきた巨大な津波によって，東北地方太平洋沿岸部は甚大な被害を受けた。それに加え，福島第一原子力発電所で事故が発生，水素爆発や放射能漏れが明らかになった。日本が大災害に見舞われたことで，「日本円が売られる」と考えたトレーダーは多かった。大方の予想通り日本円は売られたが，その流れは長続きせず，ニューヨーク外国為替市場が動き始めると，ドル安円高の方向に切り返す。週明けの月曜日は，円高方向に窓を空けて為替相場が始まったが，それを埋めると，為替は緩やかに円高方向に動いてゆきつつも，1ドル＝82円〜81円台で推移する。しかし，2011年3月17日未明に1ドル＝80円を割り込むと，1995年4月に記録した変動相場制導入(1973年)後の最安値79.75円が意識されるようになる。そして，同日の午前5時30分過ぎにそれをあっさりブレイクすると，その30分後の6時過ぎには一気に円高が加速した。78円台に突入したかと思えば，あっという間に76円台に突入，一気に3.5円も安値を更新した。結局，その猛烈な下げは「76.25円」までいくことになる。正解は選択肢のアである。

13
解説　問1．下線部(a)には，故郷(村)の社会的なニーズへの対応が記述されている。そして，篤志はそれを実現するため，活用されていない老人の労働力と栃の実を使って新しいビジネスを立ち上げようと考えた。したがって，この2つはビジネスの種，すなわちシーズである。そう考えてくると，正解は選択肢のエであることがわかる。

問2．「見て回った」ということは，「観察して回った」と言い換えられるので，正解は選択肢のイである。

問3．3つの選択肢のうち，アの「インタビュー」とは，2人以上の間での会話のことであり，一方が他方に質問をして情報を得るために行われる。イの「アポイントメント」とは，相手先との会合・面談の約束のこと。ウの「ロケーション」(通称「ロケ」)とは，機材などを現場に持ち出して行う撮影のこと。下線部(e)は老人たちへのインタビューであり，正解はアということになる。

問4．「定量調査」とは，比較的単純な質問についてアンケート調査などを行い，大量に回収したデータを数値化して，その結果から実態を量的に把握するもの。これに対して，「定性調査」とは，現場を見て回ったり，微妙な質問に文章や言葉で答えさせたりして，得られた印象や回答を分析し，その結果から実態を質的に把握するもの。下線部(c)では「見て回った」に，(d)では「どれくらい」に，(e)では「話し掛け」に，(f)では「アンケート調査」に着目すると，ウを正解と

して導き出すことができる。ここでわかりにくいのはアンケート調査であろう。その内容（質問形式）は5点評価を求めるものであることが下線部(f)の直後に記されているが，その結果は「大いにある」が△%，「どちらかといえばある」が□%，「どちらともいえない」が○%，「どちらかといえばない」が◇%，「まったくない」が▽%というように，割合，すなわち数値で示される。したがって，このアンケート調査は定量調査に分類される。

問5．3つの選択肢は，いずれも同じような意味を持っているが，正しい英語なのは**ア**の「フィールドワーク」だけである。あとの2つは和製英語ではないかと思われる。

問6．3つの選択肢のうち，**ア**の「コストプラス法」とは，生産にかかったコスト（費用）をすべて積算し，それに必要な利益を加えて価格を算出する方法。**イ**の「マーケットプライス法」とは，市場を意識して価格を設定する方法で，具体的には競合製品の価格動向や顧客の受け止め方などに配慮する。**ウ**の「コストパフォーマンス法」はダミーである。したがって，「調査の概要」の(7)に記述されているのはコストプラス法であり，正解は**ア**ということになる。

問7．下線部(g)は広告とは異なり，費用がかからない。しかも，テレビ局や新聞・雑誌社などによる評価の結果として取り上げられる（放送・掲載される）わけだから，消費者はその情報を客観的なものとしてとらえる傾向がある。このようなものを「**パブリシティ**」(publicity)といい，今日，企業はそれを引き出すよう，マスコミに積極的に働きかけるようになった。

問8．3つの選択肢のうち，**ア**の「特殊法人」とは，法人のうち，それを設立する旨の具体的な法令に基づいて設立されたものをいうが，独立行政法人，認可法人，特別民間法人はこれに含まれない。**イ**の「NGO法人」と**ウ**の「NPO法人」は，それぞれ，法人格を有する非政府組織(non-governmental organizations)と非営利組織(non-profit organization)のことで，NGOとNPOは英語の略称である。ただし，NPO法人は，法的には「特定非営利活動法人」，すなわち，平成10年(1998年)12月施行の「特定非営利活動促進法（NPO法）」により法人格を認証された民間非営利団体のことである。いずれにせよ，**ウ**が正解であることに間違いはない。

問9．3つの選択肢のうち，**ア**の「インキュベーター」とは起業に関する支援を行う事業者のこと。**イ**の「アントレプレナー」とは独立ベンチャーの起業家，**ウ**の「イントラプレナー」とは社内起業家のことである。篤志は，社会的事業の起業家なので，正解はもちろん，**イ**の「ソーシャルアントレプレナー」である。

問10．篤志のビジネスの舞台は，高齢化が進む山間の村であり，それは地域の共同体である。3つの選択肢は，いずれも該当しそうであるが，このニュアンスを最も色濃く持っているのは「コミュニティ」であり，その点から，**ウ**を正解として選ぶべきである。

第36回　検定試験問題解答　(各2点)

	問1	問2	問3			
1	ウ	イ	労	働	生	産	性

	問1	問2	問3
2	ア	ウ	イ

	問1	問2	問3	問4
3	ア	ア	ウ	ウ

	問1					問2	問3
4	資	本	移	転	等	収	支	イ	ウ

	問1	問2	問3	問4
5	ア	ウ	イ	ア

	問1	問2	問3	問4
6	イ	ア	ウ	イ

	問1	問2	問3
7	ウ	イ	ウ

	問1		問2	問3	問4
8	自己資本比率 （BIS）	規制	ア	イ	イ

	問1	問2			問3	問4
9	ア	終	身	雇	用	ウ	ウ

	問1	問2	問3	問4			
10	イ	ア	ア	電	子	商	取	引

	問1							問2	問3
11	ス	テ	ー	ク	ホ	ル	ダ	ー	ウ	イ

	問1	問2	問3
12	ア	ウ	イ

	問1			問2	問3	問4
13	T	L	O	イ	ウ	ア

	問1			問2	問3	問4
14	シ	ー	ズ	発想	ア	イ	ア

（　）内は別解。

第36回　検定試験問題の解説

解　説　問1．下線部(a)の後に続く文章を読めば，正解がウであることは容易に導けるであろう。以前から少子化が問題視されているわが国において，若年層の就業者数が増加しているとは考えにくく，アが誤答であることが予想できる。また，近年，日本人の平均賃金が欧米の先進国と比べ大きく劣り，既に韓国の平均賃金よりも低いというニュースが話題になった。このような状況からもイが誤答であることがわかる。アとイを排除することによっても正解のウが導けるであろう。

問2．正解は**イ**である。「男女雇用機会均等法」は1986年に施行された。施行以前は高卒求人票にも「男性20名，女性5名」，「男性は総合職，女性は一般職」などと記載されていたが，法律で禁止された。男女雇用機会均等法が雇用の面に関して規定するものなのに対して，アの「男女共同参画社会基本法」は社会全般において男女が平等になることを推進する法律で，1999年に施行された。ウの「育児・介護休業法」は，子育てや介護のための休暇を取りやすくするための法律である。2022年に改正され，育児休業を取りやすくするための環境整備のほか，男性の産休・育休がとりやすくなることになった。

問3．正解は「**労働生産性**」である。ここでの生産性は，一人の労働者が一時間に生み出す付加価値の額を意味している。日本の労働生産性は他の先進国に比べて低いということが，長年，話題になっている。この原因として指摘されるのは，日本人の長時間労働である。働き方改革によって，労働時間を減らし，労働生産性を向上させようという取り組みが行われている。

［2］

解　説　問1．企業がアウトソーシングを導入している分野は，企業内のICTやWebサイトの運用や保守が最も多いといわれている。企業が自前でICTに強い人材を確保・育成するよりも，アウトソーシングする方がコストの削減ができるという考え方であり，自社が注力したい業務へ経営資源を集中し，仕事の迅速化・効率化を図ることができる。正解は**ア**である。イは前半部分の企業外からの優秀な人材の確保は正しいが，後半の経営陣の刷新は明らかに間違いである。ウは自社の正社員の人数を増やすという点で，アウトソーシングの導入目的とは根本的に逆である。

問2．正解は**ウ**の「余暇関連サービス業」である。業種の分類には省庁や自治体によって若干のブレがあるが，最も一般的な日本標準産業分類の大分類の「生活関連サービス業，娯楽業」の中の中分類「娯楽業」に余暇やレジャー関連と考えられる産業がまとめられており，これらが余暇関連サービス業といえる。アの「生活情報関連サービス業」は大分類「情報通信業」の属する産業のうち，家計が利用するサービス業を指している言葉であり，イの「生活支援関連サービス業」は大分類「生活関連サービス業・娯楽業」の中の，小分類「家事サービス業」をはじめとした家計を対象としたサービス業を指す言葉である。

問3．下線部(c)の「提供対象の新規性」とは，新しい市場を開発することであり，企業を対象としていたビジネスが新たに個人を対象にするなど，それまで対象としていた顧客とは異なる顧客を対象に事業を拡大することである。正解は**イ**である。本文中の「提供内容の新規性」とは，新しい商品やサービスを開発することであり，アが該当する。また，「提供方法の新規性」とは，それまでになかった方法で商品やサービスを顧客のもとに届けることであり，ウが該当する。

［3］

解　説　問1．正解は**ア**の「ASEAN」である。東南アジア諸国連合と訳される地域経済連合であり，現在，本文中の5か国に，ブルネイ，ベトナム，ラオス，ミャンマー，カンボジアを加えた10か国で構成されている。イの「APEC」はアジア太平洋経済協力会議と訳される枠組みで経済協力を目的とした非公式な協議体(フォーラム)という位置づけであり，ASEANやウの「NAFTA」とは性格が異なる。NAFTAは北米自由貿易協定と訳されるアメリカ，カナダ，メキシコが参加する地域経済連合である。保護貿易的な政策を進めたアメリカのトランプ前政権により批判され，現在はUSMCA(米国・メキシコ・カナダ協定)という自由貿易協定に置き換わっている。

問2．FTAとは自由貿易協定のことである。特定の国や地域の間で関税やその他の貿易障壁などを取り除き，自由に貿易を行おうという経済協定である。正解は**ア**である。関税の引き下げについては，まず，WTO(世界貿易機関)で決められる国による差別のない全世界的な取り組みが

原則である。しかし，WTOには全会一致の原則があり，交渉が進むのが遅いという欠点があり，二国間で交渉するFTAが主流となった。そして，FTAが主に貿易を取り扱うものであったのに対し，経済の変化に基づき，貿易以外にも知的財産の保護や投資のルールにも拡大したEPA(経済連携協定)が主流になってきたと考えよう。イは国際商品協定のことで，その名の協定があるのではなく，国際小麦協定(IWA)や国際砂糖協定(ISA)などの9つの協定の総称である。ウはパリ協定のことである。気候変動抑制のための国際的な協定である。

問3．自由貿易協定は文字通り貿易の自由化を促進するものである。それぞれの国において，輸入品に対しては価格競争力の低い国内産業から反感を持たれるものである。正解は**ウ**である。ウにあるような国内産業へのダメージを避けるため，輸入品に関税をかけ保護しようという考え方を保護貿易といい，トランプ前アメリカ大統領は保護貿易を主張した。

問4．1997年のアジア通貨危機はタイを中心に始まったといわれる。正解は**ウ**である。当時，タイは自国通貨バーツについて米ドルとの固定相場制を採用していた。タイの経済の成長が鈍くなり，逆にドルが高く推移するようになると，ドルと固定されているバーツはその実際の価値よりも高い状態になってしまった。バーツが高い状態にあるとタイは輸出に不利益を被るので，バーツを切り下げざるを得なくなるであろうと予測する向きがあった。そこに目を付けたヘッジファンドと呼ばれる多額の投資資金を操る集団が，「空売り」という値下がりにより利益を生む手法でバーツを大量に売り浴びせた。それにより，バーツが変動相場制に移行し急落した。これがアジア通貨危機の始まりであった。アジア通貨危機は，インドネシアや韓国，マレーシア，フィリピンなどに影響が波及した。

4

解説　問1．国際収支状況は，経常収支，資本移転等収支，金融収支，誤差脱漏の4つの金額で表される。正解は**資本移転等収支**である。資本移転等収支は財務省のWebサイトでは，「対価の受領を伴わない固定資産の提供，債務免除のほか，非生産・非金融資産の取得処分等の収支状況を示す」とある。いわゆる無償の援助の収支のことであるが，「固定資産」の援助とあることに注目してほしい。無償の資金や食料品や衣料品などの援助は第二次所得収支に含まれる。国際収支状況は，統計的な誤差を修正するための誤差脱漏を省略して考えると，経常収支＋資本移転等収支＝金融収支，という関係にあり，より大まかに，経常収支＝金融収支，と省略して考えることができる。そして，経常収支は貿易やサービスの収支，金融収支は現金や預金，借金の収支と考えて，全体を把握すると，特に複式簿記を学んでいる商業科の生徒は理解しやすくなる。

問2．財務省のWebサイトでは第二次所得収支を「居住者と非居住者との間の対価を伴わない資産の提供に掛かる収支状況を示す」と説明されている。問1で説明した通り，無償の資金や食料品，衣料品などの援助は第二次所得収支に計上する。正解はイであり，ウは資本移転等収支を意味する。また，アは第一次所得収支を意味しており，金融資産の収支は金融収支に計上するのに対し，そこから生じる利子や配当金は第一次所得収支に記載するので注意が必要である。

問3．表を読むことによって，ウが正解であることが容易に導ける。また，下線部(b)に「貿易収支の黒字幅が拡大した」とあることからも，輸出＞輸入の関係が大きくなったことがわかる。そこから「輸出額の減少幅のほうが小さかった」とあるウが正解であることが導ける。アの状況も貿易収支の黒字幅が拡大するが，輸出額は増加していないので誤答であり，イの状況であれば貿易収支の黒字幅は縮小するか，もしくは，貿易赤字に陥ることになるので不正解である。

5

解説　問1．本文で扱われている比較生産費説を主張したのは「D．リカード」である。正解は**ア**である。リカードは19世紀のイギリスの経済学者であり，比較生産費説により自由貿易が保護貿易よりも利益を生み出すことを主張した。イの「A．スミス」は17世紀のイギリス(スコットランド)の経済学者である。経済学の始まりといわれる「国富論」を著した。ウの「K．マルクス」は18世紀のドイツの経済学者である。「資本論」により資本主義の矛盾を指摘し，共産主義への移行を主張した。また，この3人に20世紀初頭のジョン・メイナード・ケインズを加えた4人を，初期の経済学を築いた重要人物と考えることが多い。

問2．比較生産費説は二国間の比較である。A国とB国を比較すると，小麦と自動車の生産に必要な労働者の人数の比率は，A国は60：40＝3：2，B国は20：30＝2：3であり，この比から，

この二国の間では，A国は自動車，B国は小麦に比較優位があると考える。正解は**ウ**である。例えば生産に必要な労働者数が右表のような場合でも，共に

	小麦1 t	自動車1台
A国	60人	40人
B国	40人	20人

自動車に比較優位があるとは考えずに，A国は60：40＝3：2，B国は40：20＝4：2（＝2：1）と考え，この二国間の小麦と自動車を比較すれば，A国は小麦に，B国は自動車に比較優位があると考える。

問3．関税の軽減，自由化への取り組みは，国際経済のブロック化などによる貿易差別が第二次世界大戦を招いた一つの要因であったという反省から，終戦後の1947年にGATT（関税および貿易に関する一般協定）が発足したことに始まる。それが1995年にWTO（世界貿易機関）に発展的に解消し，規模が大きく交渉が遅れるWTOを補完するためFTA（自由貿易協定）の取り組みが盛んになり，FTAの自由化の幅を広げたEPA（経済連携協定）の取り組みが増えてきたと整理すればよい。正解は**イ**の「WTO」である。アの「ECB」は欧州中央銀行のことでユーロ圏20か国の中央銀行のことである。また，AIAという略称を用いている機関は複数あるが，ウの「AIA」は，おそらく，ASEAN投資地域のことであろう。どちらにしろ，誤答であることは明白である。

問4．比較生産費説などでも証明されている通り，自由貿易は保護貿易に勝る手段であり，二国間のみならず，世界経済にも大きな利益を生み出す手段である。しかし，自由貿易が行われることにより，自国の産業が衰退したり，特定の産業が育たなくなったりする可能性がある。そのため，場合によっては自由貿易を制限することも許容する考えがある。下線部(c)の牛肉のように，特定の商品の輸入が急激に増加することで国内価格が大きく下落するなどによって，国内の産業が危機に陥る可能性がある場合に，一定の期間，輸入を制限する措置を「セーフガード」（緊急輸入制限）という。正解は**ア**である。WTO，TPPやそれぞれのFTA，EPAなどでもセーフガードが規定され，下線部(c)は日米貿易協定の規定による。イの「戦略的通商戦略」は，国が，将来の自国の主要な産業になることを期待している産業分野を，その成長を促進するためにその分野の輸入を制限する政策である。ウの「幼稚産業保護」は，国が，他国に比べ成長が遅れている産業を保護するために輸入を制限する政策である。イ・ウは途上国によくみられる。

6

解 説　問1．第二次世界大戦の原因の一つに，各国が自国の輸出を有利にするために過度に為替相場を切り下げたことがあるといわれる。この反省から，戦後，為替相場を安定させるためにIMF（国際通貨基金）を設立し，「金1オンス＝35ドルでの交換を保証」，「ドル以外の通貨は金と交換できない」，「ドル以外の通貨はドルと固定相場」という制度，いわゆる，ブレトンウッズ体制が行われていた。しかし，ヨーロッパや日本が復興しアメリカがそれらの国から工業品を輸入することでドルが大量に流出したことや，ベトナム戦争による戦費の支払いによるドルの流出などにより，アメリカ以外にあるドルが増加し，アメリカはそれらのドルと金を交換することが困難であると考え，1971年にニクソン大統領が交換の一時停止を宣言した。これをニクソン・ショックという。正解は**イ**である。本文の内容から考えると，アとウが誤答であることは一目瞭然である。

問2．輸出時には110円×1万ドル＝110万円の受け取りを期待していたが，決済時の受取金額は105円×1万ドル＝105万円になるので，5万円の為替差損が発生した。正解は**ア**である。

問3．売買対象をすぐに受け渡すことを目的とする売買を「直物取引」，将来，売買対象を受け渡すことを目的とする売買を先物取引という。正解は**ウ**である。アの「店頭取引」は銀行などの店頭で行われる取引をいい，イの「相対取引」は売り手と買い手が直接行う取引をいう。アもイも市場外の取引である。

問4．本文の例を用いて説明する。まず，直物取引と先物取引の相場はほぼ同価格で推移する。価格が乖離すると裁定取引という方法で利益を生み出せるため，すぐに乖離が埋められる。ある家電メーカーは輸出時に110万円の受け取りを確実にするために，将来の決済時に1ドル＝110円で1万ドルを売る先物取引を行う。そうすれば，もし，決済時に1ドル＝105円になっていても，1ドル＝110円で1万ドルを売れるため，110万円の受け取りをすることができる。しかし，もし，決済時に1ドル＝120円になっていたとしても為替差益を得ることはできない。正解は**イ**である。アは同金額の輸出と輸入を行うことで為替リスクを回避する方法である。もし，円建てで貿易を行えばウのような結果になるであろう。

解　説　問1．財の市場と同じように，資金の市場についても需要と供給で判断することができる。財の需要
供給曲線における価格を金利と置き換えればよい。資金の需要が拡大すると需要曲線が右にシ
フトし，金利が上昇する。それにより需要の拡大が制限される。逆に資金の需要が縮小すると
需要曲線が左にシフトし，金利が低下し，需要の縮小が抑えられる。正解は**ウ**である。

問2．東京証券取引所では，2022年3月まで，株式市場は市場第一部，市場第二部，マザーズ，
JASDAQ（ジャスダック）の4市場で運営されていた。そのうち，マザーズは上場基準が大幅
に低く，起業して間もない企業も上場できる市場である。下線部(b)はマザーズのことである。
JASDAQは店頭市場を起源とする新興企業向けの市場であり，様々な新興企業向けの市場と
の統合や運営主体の変遷を経た市場であり，下線部(c)がJASDAQを表している。正解は**イ**で
ある。セントレックスは名古屋証券取引所が開設する新興企業向け市場であり，こちらも，
2022年4月にネクストに名称が変更された。アンビシャスは札幌証券取引所が開設する新興企
業向け市場である。

問3．株式会社の最高意思決定機関は株主総会である。企業の株式の50％以上を保有すれば普通決議
を単独で成立することができ，66.7％（三分の二）以上を保有すれば，会社の合併などの特別決
議も単独で成立できる。つまり，株式を大量に取得すれば企業の合併・買収（M＆A）ができる
わけである。しかし，株式市場で秘かに特定の企業の株式を買い集め，66.7％以上の株主にな
ることは禁じられている。そのため，企業の経営権を取得するために株式を買い集めるには，
買い集めることを宣言し，市場外で株式を集めなければならない。買い集めるために，時価よ
りも高い買い付け価格を提示して行う。このことを株式公開買付け（「TOB」）という。正解は
ウである。下線部(d)の直後にある情報通信業者のTOBはNTTによるNTTドコモのTOBである。
アの「NNP」は国民純生産の略で株式とは縁のない用語である。イの「IPO」は公開のことで，
未上場会社が新たに株式市場に上場することをいう。

8

解　説　問1．銀行の経営が危機に陥ると，取引企業の枠を超えて経済全体に大きな影響を与えるため，銀行
にはしっかりとした経営基盤が求められる。国際決済銀行（BIS）は，銀行が国際的に活動する
ためには自己資本比率が8％以上であることを求めている。これがBISにおける自己資本比率
規制であり，一般的に，「**自己資本比率**規制」や「**BIS規制**」といわれる。自己資本比率とは
総資本に対する自己資本の比率であり，高いほど負債が少ないことを表す指標である。それに
対しBISとは国際決済銀行のことである。自己資本比率＝BISではないので注意してほしい。

問2．選択肢を一つずつ見ていく。アの「IFRS」は国際財務報告基準のことで，国際会計基準審議
会（IASB）によって定められた会計の基準で，世界中の企業が統一された会計基準を用いるこ
とで，経済のグローバル化に対応しようというもので，**ア**が正解。イの「インベスター・リレ
ーションズ」はIRともいい，投資家（インベスター）との関係（リレーションズ）を良好に保と
うとする一連の活動を指す。企業のWebサイトにはIR専用のサイトがあることが多い。ウの「ブ
ックビルディング方式」は株式の公開（IPO）の際に公開価格を決定する方式のことである。

問3．投資家は，割安な株式を選び，その企業の株式を購入し，値上がり後に売却することで利益を
狙う。割安な株式を選ぶために，PERやPBRという指標を用いることが多い。PERは株価収益
率のことで，株価の何倍の利益を上げているかという指標である。選択肢のアは，PERによる
割安な株式選びに近い。それに対し，PBRは株価純資産倍率のことで，株価が純資産の何倍で
あるかという指標である。選択肢のウはPBRによる株式選びに近い。このような，財務状況か
ら割安な株式を選び投資するという手法は以前からあるものである。しかし，近年は本文にあ
るESG投資という社会的に意義のある企業に投資しようとする考えが広がっている。このよう
な企業は持続可能性（サステナビリティ）に優れており，リスク回避のために重要であると考え
る。正解は環境に配慮した企業に投資するという**イ**である。

問4．インサイダーとは「内部の者」という意味で，企業の経営者や従業員，取引銀行や監査法人，
主要な取引先などを指す。これらの者は，企業の重要な情報が一般に公開される以前にそれを
知ることができる。例えば，もし，癌の特効薬を開発した製薬会社があるとする。発表する直
前にそれを知っている社員がこの企業の株式を購入して，発表後に売却すれば株の値上がり益
で大きな利益を得ることができる。逆に，自社の薬が重大な副反応を起こすリスクがあるとい
う情報を得た製薬会社の社員が，一般に発表される前に自身が保有している株式を売却すれば

損失を免れることができる。これをインサイダー取引という。未公開の情報を用いて内部の者が不正に利益を上げることは，株式市場の公平性を著しく損なうものであり禁止されている。正解は**イ**である。アは風説の流布による株価操作であり，ウは財務諸表などの有価証券報告書の虚偽記載であり，どちらも厳しい罰則が設けられている。

9
| 解 説 | 問1. 下線部(a)に「間接金融が中心であった」とある。間接金融とは銀行を介する金融である。そこを理解していれば，文章中に「銀行からの借り入れに依存していた」とある**ア**が正解だとわかる。すべての選択肢の中にある資本市場とは長期金融市場のことであり，設備資金のための金融市場であり，主に株式や社債の証券市場を指しキャピタルマーケットといわれる。それに対し，短期金融市場をマネーマーケットといい，運転資金のための金融市場である。戦後，しばらくの間は証券市場に投入される資金が少なく，当時は長期信用銀行という形態の銀行を設立し，長期資金の貸し出しを行っていた。その後，証券市場の規模が拡大し，企業はより調達コストの安い，株式や社債の発行による証券市場からの資金調達により設備資金を得るようになった。それにより，長期信用銀行三行(日本興業銀行，日本長期信用銀行，日本債券信用銀行)は経営不振に陥り，全て消滅した。

問2. 正解は「**終身雇用**」である。年功賃金，企業別労働組合と合わせて，日本的経営の中核をなすものである。日本的経営は高度経済成長を生み出す原動力となったが，年功序列による終身雇用は企業が拡大する局面ではうまく機能したが，経済成長が止まり，企業も低成長になった現在では，企業にとっては重荷となっている。

問3. トップダウンの対義語はボトムアップである。欧米では，意思決定権が集中した管理職が，その知識と経験から最善の策を決定し，その策を部下に浸透させる。上から下への動きなのでトップダウンという。それに対し，日本では，それぞれの意思決定に関し，その分野に関係の深い者たちが案を練り，上位の者の了承を得て実行する。下から上への動きなのでボトムアップという。ボトムアップは，その過程で会議や稟議などで多くの意見を取り入れるので，集団的な意思決定でもある。集団的な意思決定の利点は，下の層の社員でも意思決定に参加できるため参加意識が高まりモチベーションが上がること，実際に業務に関わる下の層の社員が意思決定に関わるため，計画の理解が高く，早く確実に計画を実行できることであり，欠点は意思決定に時間がかかるため，初動が遅れてしまうことである。正解は**ウ**である。アとイはトップダウンの利点である。

問4. 執行役員とは取締役のすぐ下の層にあたる役職である。会社法による役員である取締役や監査役とは異なり従業員のトップという位置づけである。取締役の職務は，経営の意思決定，会社の監督，業務の執行の三つに分けられる。そのうち業務の執行について執行役員に任せることにより，取締役が経営の意思決定と会社の監督に集中できるというメリットがある。それにより，取締役を減らすことも可能になる。正解は**ウ**である。アにある監査役会は監査役会設置会社で設置が義務付けられているものであり，半数以上を社外取締役にする規定がある。監査役会の権限が強化されることにより，企業の業務執行がより公正で厳格なものになる。協調的な労使関係にはあまり関係がない。イは，一般に執行役員の業務執行を取締役が監督するという関係が通常であり，執行役員に業務執行と監督が集中することはない。

10
| 解 説 | 問1. 本文の主旨から判断することは難しいが，近年の消費傾向を表す言葉として，「多様化」と「個性化」は欠かせない。その対義語の「均一化」，また，消費者行動にはあまり使われない「固定化」を排除できると考えると正解の**イ**にたどり着くであろう。以前の世代は均一的な消費を行う傾向があったのに対し，Y世代(1980年代初頭～1990年代中盤までに生まれた世代)，Z世代(1990年代の中盤～2010年代初頭までに生まれた世代)は個性的な消費を好む傾向が強いといわれる。特にZ世代は，スマートフォンがあることが常識として育った世代であり，豊富な情報や，サブスクリプションやシェアリングエコノミーなどの言葉で表される所有にこだわらない消費スタイルの登場から，より個性を主張する世代といわれる。

問2. 下線部(b)の「グローバル・スタンダード」を訳せば，全世界的な標準ということになる。下線部(b)の前後の文章からも正解が**ア**であることは容易に導けるであろう。今回の検定試験にも登場したIFRSやBIS規制のような，国際的なルールをグローバル・スタンダードというほか，生

活様式などでもグローバル・スタンダードという概念を用いるなど，様々な場面で使われる。

問3．1997年の独占禁止法の改正以前は，財閥系といわれる企業を始めとした巨大企業が，社内に様々な部門を置き，広範囲な事業を行うのが普通であった。独占禁止法の改正により，「持株会社」という形態が可能になったことにより，全体を統括する親会社が，株式を保有することで支配している子会社の事業活動の方向性を決め，支配されている子会社は独自の権限で意思決定をする関係の企業形態が生まれた。正解は**ア**である。持株会社には，企業名に「ホールディングス」や「グループ」が付くことが多い。イの「合同会社」は企業形態の一つである。2006年に施行された会社法により新たに生まれた形態である。ウの「合弁会社」は，二つ以上の企業や自治体などが資金を出し合って設立した企業のことである。

問4．下線部(d)からは，ｅコマースやｅトレード，ネットショッピングなどいろいろな用語を連想するが，漢字5文字ということから考えると「**電子商取引**」という用語が妥当であろう。すべての商取引において，電子商取引が占める率をEC化率という。経済産業省によると企業と消費者との間の商取引(BtoC)においての令和2年のEC化率は8.08％に上っているが，アメリカや中国に比べるとまだ低い水準であり，今後，ますます増加することが予想できる。

11
解　説　問1．正解は「**ステークホルダー**」である。近年，利害関係者のことをステークホルダー(stakeholder)と呼ぶことが多くなった。それまでの利害関係者という用語が，株主や債権者などのように，企業成績に連動して直接的に利益や損害を受ける人たちを指すときに用いられていたのに対し，ステークホルダーはより間接的に利害が結びつく，地域社会や行政機関などを含めた広い範囲で利害関係者を意味するときに用いることが多いようである。

問2．CSR(企業の社会的責任)は既に広く浸透，定着した用語であろう。文字通り，企業が事業を行うにあたって担わなければならない社会的な責任のことで，具体的には環境への配慮や障がい者への配慮，地域への貢献活動，人権や貧困などの社会的な課題の解決に向けた貢献などである。正解は**ウ**である。アは法人税などの軽減をするのは企業ではなく政府であることなどを含め矛盾した文章である。イは労働組合の要請で行っている社員旅行などの親睦行事を述べているのであろうか。いずれにせよ誤答であることは間違いない。

問3．まず，ウの「モラルハザード」は，日本では一般的に「倫理の欠如」を意味するときに用いられる用語である。アの「コンプライアンス」は「法令順守(遵守)」を意味する用語で，企業が事業活動を行う際に法律のみならず，道徳的，倫理的に守らなければならないルールを厳守することである。イの「内部統制」は企業が適正な事業活動のなかで，その事業目的を達成するために，企業の組織の内部で牽制，監督するシステムやルールを整備することである。コンプライアンスも内部統制もコーポレートガバナンスで求められることであるが，下線部(c)の文脈に，より近い考えはイの「内部統制」である。

12
解　説　問1．四大投資という用語を知らないと難問である。四大投資とはアラスカ・パルプ(アメリカ)，ミナス製鉄所(ウジミナス)(ブラジル)，アラビア石油(サウジアラビア)，北スマトラ石油(インドネシア)である。それぞれ，パルプや鉄鋼，石油などの資源を求めての投資であった。正解はアの「資源開発型」である。イの「労働力利用型」は賃金の安い国の労働力を目的に行われる海外投資である。ウの「輸出志向型」は市場の近くでの生産を目的にした海外投資である。他に貿易摩擦回避型という貿易摩擦を回避することを目的に行う海外投資がある。

問2．親会社と子会社の間の取引で上がる利益を「内部化利益」という。正解は**ウ**である。例えば，日本の会社が海外の会社から部品を購入しているとする。もし，その海外の会社を子会社だとすれば，その会社があげている利益が内部化される。アの「内部留保」は，企業が得た利益のうち配当や役員賞与などとして外部に流出した部分を差し引いた部分である。イの「国際分業の利益」は，自由貿易を行い得意分野の商品をお互いに交換することにより，お互いの国により利益が得られるという考えのことである。

問3．インセンティブとは刺激のことであり，人々や企業が意思決定をすることを促す要因になるものをいう。この文章では，日本企業が海外に進出する理由となるもののことである。海外から企業を誘致したい国は，法人税などの税制の優遇や，補助金の設定，インフラの整備を行ったりして，海外企業の進出を促す。これらの方策を投資インセンティブという。正解は**イ**である。

アは幼稚産業保護政策のことで，保護貿易を許容する考えの一つである。ウは現地調達をする方策であり，生産活動の効率化のほか，現地への貢献を高める目的で行われることもある。

解説 問1．下線部(a)にあるような大学と民間企業を結び付ける機関を「TLO」(Technology Licensing Organization；技術移転機関)という。大学には有望な研究成果が多く存在するが埋もれたままになっている一方，企業は新規事業を生み出すような新技術を見つけるために多くの時間や生産要素を割くことができない。このような大学と企業のニーズを満たすために，大学の研究成果を特許化し，それを企業へ技術移転を行うのがTLOの役割で，大学は特許使用料で研究資金を得て研究に専念しやすくなり，企業は多くの労力と時間が必要な新技術を外部から得られるようになった。

問2．正解はイの「インキュベーター」である。インキュベーターとは，本来，ニワトリの卵の人工孵化などに使う孵卵器のことをいい，転じて，起業家の卵を支援するための施設や制度の提供者をインキュベーターと呼ぶようになった。起業支援にはオフィスや設備を低額で貸し出すというハード面と資金調達や登記を手助けするソフト面の支援がある。アの「アントレプレナー」は独立ベンチャーの企業家(起業家)のことであり，ウの「ホワイトカラー」は，白い襟のワイシャツを着て仕事をするような事務系の仕事をする労働者を指し，一方，青い襟の作業服などを着て仕事をするような生産工程や現場で作業をする労働者をブルーカラーという。

問3．ベンチャービジネスは，大きく成長をする可能性を秘めており，それに投資することにより莫大な利益を生み出すことがある。しかし，まったく成功を収めることができない可能性も大きく，大きなリスクがある。そんなベンチャービジネスの資金を提供する経済主体のうち，個人が主体になるものをアの「エンジェル」，自治体などが主体になるものをイの「ベンチャー財団」，民間企業が主体になるものをウの「ベンチャーキャピタル」という。正解はウである。

問4．企業ベンチャーの利点として，起業家側には，独立ベンチャーに比べリスクが少ないこと，マーケティングやマネジメントの部分で既存企業の支援が受けられることなどがある。それに対して欠点は，起業により得られる利益の多くが既存企業のものになってしまうことである。企業側の利点としては，企業ベンチャーにより新しい成長戦略が生まれる可能性があるということのほか，人材の育成，経営資源の有効活用などがある。選択肢のアが人材育成について述べており正解である。イは，「経営コストを増加させることなく」という部分が間違いである。ウは，可能性がないわけではないが，企業ベンチャー全体に言えることではない。

解説 問1．新しいビジネスを生み出す際に，外部の消費者の側に目を向け，消費者の抱える課題や問題などの解決をきっかけにすることをニーズ発想という。それに対し，内部の企業が既に所有している技術やノウハウ，人材などの活用をきっかけにすることを「シーズ」発想という。シーズとは種という意味である。下線部(a)は企業ではなく，地域のことをいっているが，既にある資源をもとにしているということでシーズ発想といえるであろう。

問2．インターネットを利用した通信販売のねらいとしては，広い範囲をターゲットにして売り上げを伸ばすことや店舗や販売員といった経営資源の節約などが考えられる。正解はアである。配送作業などはインターネット販売によって新たに発生することであるのでイは誤答である。情報漏洩が心配であればインターネット販売をしなければよいのでウも誤答である。

問3．正解はイの「パブリシティ」である。企業がテレビ局や新聞社などのメディアにプレスリリースなどにより情報を流し，メディアがそれを取り上げる形のPR活動である。例えば，ニュース番組などで商品が取り扱われた場合，消費者は企業ではなくメディアという第三者の目を通しての情報ということでより信頼を置くという特徴がある。

問4．選択肢のIターン，Jターン，Uターンは全て人々が居住地を変える時の動きを文字の形で表現した用語である。まず，ウの「Uターン」は，栃木県出身の人間が，東京に移住して働いたのち，再び地元の栃木県の出身地に戻るようなことである。続いて，イの「Jターン」は，栃木県出身で東京に移住していた人間が，東京での仕事と地元に住む親の介護などを両立するためなどの目的で，東京と栃木県の中間にある埼玉県に移住するなどの例をいう。最後にアの「Iターン」は，東京で生まれ育った人間が，豊かな自然を求めて栃木県に移住するように，出身地ではない場所に移住することで特に都会から地方に移住することをいう。正解はアである。

第37回　検定試験問題解答　(各2点)

		問1		問2	問3	問4
1	産	業	構	造	イ	ウ	ア

	問1	問2	問3
2	ウ	ア	イ

	問1	問2	問3
3	ア	イ	イ

	問1	問2	問3
4	ウ	ア	ウ

	問1	問2			問3		問4
5	イ	ア	産	業	空	洞 化	ウ

	問1	問2	問3		問4		
6	ウ	ア	ア	先	物	為 替	予約

	問1	問2	問3
7	ア	イ	ウ

	問1	問2			問3	問4
8	イ	信	用	創 造	ウ	イ
		(預	金	創 造)		

	問1	問2	問3	問4					
9	ア	ウ	ウ	ト ッ	プ	ダ	ウ	ン	の意思決定

	問1	問2	問3	問4
10	イ	ウ	ア	ア

	問1			問2	問3
11	C	S	R	ア	イ

	問1			問2	問3
12	多	国	籍 企業	ウ	イ

	問1	問2				問3	問4
13	ア	起	業	家	精 神	イ	ウ
		(企	業	家	精 神)		

	問1	問2	問3	問4
14	イ	ウ	ア	ア

（　）内は別解。

①

解　説 問1. 一国の経済を構成する産業が，どのような比重で構成されているかを「**産業構造**」という。一般的には，第一次産業，第二次産業，第三次産業の割合で示すことが多い。本文の冒頭に書かれている，経済の発展に伴い，産業の重心が第一次産業から第二次産業，そして，第三次産業に移動する傾向を「ペティ・クラークの法則」といい，このように移動することを「産業が高度化する」などという。加えて，現在の日本のように産業が高度化し，産業の中心が第三次産業になることや第一次産業や第二次産業においてもサービスやソフトの面がより重視されるようになることを「経済のサービス化(ソフト化)」などと称する。

問2. 正解は**イ**の「スマート・グリッド」である。スマート・グリッドとは「スマートな(賢い)グリッド(送電網)」のことで次世代送電網などと称される。新しい用語で，送電に関するあらゆる新しい技術の総称であるため，意味にゆらぎがあるが，一般的には，電力の供給側の発電所などから需要側の住宅やオフィスなどへ送電するだけではなく，需要側から電力の消費データを供給側に送ることにより，電力の供給量を時間や季節で最適化し，省エネルギーを実現するシステムのことである。アの「リスク・プレミアム」は，金融用語で，リスクを引き受ける代わりに，新たに期待することができる収益のことである。リスク・プレミアムがゼロ以下であれば，その商品に投資する価値はない。ウの「モニタリング」は観察や監視といった意味の英語である。

問3. 「消費者のニーズ」に該当するような記述が「安全意識の高まり」の部分からしか読み取れず，選択肢と本文の主旨が直接的に関係していないため，深く推測する必要がある問題である。しかし，単純に考えると，下線部(c)に「消費者のニーズ」とあるにもかかわらず，消費者について記述されている選択肢がウしかなく，さらに，各選択肢の後半部分を読んでも，「新たな付加価値」について記述されている選択肢がウのみであるので，**ウ**が正解であるとわかる。

問4. エンゲル係数とは家計の総支出に対する飲食費の割合である。正解は**ア**である。エンゲル係数が高いほど，生活水準は低く，生活水準が上がってくるとエンゲル係数は低くなる傾向があるといわれる。イは貯蓄率，もしくは貯蓄性向を連想する誤答であるが，貯蓄率は可処分所得に対する貯蓄額の割合をいうことが一般的である。ウは消費性向のことである。貯蓄性向(貯蓄率)＋消費性向＝1という関係である。

②

解　説 問1. 余暇関連サービス業とは，文字通り，余暇を楽しむためのサービス業である。いわゆるレジャー産業や娯楽産業のことである。選択肢を見れば，**ウ**が正解であることは容易にわかるであろう。アは健康・医療関連サービス，イは生活支援関連サービス業の例である。

問2. 人材派遣分野の規制については，1986年に施行された，いわゆる労働者派遣法から始まる。バブル景気やその後の景気低迷期などを背景に，2007年までの6回の法改正では，派遣職種の拡大など，人材派遣分野の規制は一貫して規制緩和の方向で動いていた。しかし，2008年に起きたリーマン・ショックによる派遣労働者の大量解雇などを背景に，2012年からは規制強化へと転換している。ただし，2012年以降の規制強化は派遣職種の縮小ではなく，派遣労働者の待遇改善を目的としたものである。このようなことから正解が**ア**である。イはそもそも矛盾した文であり，ウは人材派遣サービス業の進展にとって不都合なことであることからも誤答であることがわかる。

問3. 全国展開しているファミリーレストランチェーンを利用するとき，消費者は，全国どこでも同じメニューが同じ味で，ほぼ同料金で提供されていることのほか，サービスがほぼ同じであることを期待する。料理の味などはレシピで統一しやすいが，サービスはそのサービスを提供する人の技量に大きく左右されてしまう特徴があるため統一しにくい。このようにサービスは財に比べて統一しづらい側面があり，その特徴を「変動性がある」や「均一性がない」，「不均一性がある」などと表現する。正解は**イ**である。そして，変動性をなくすため(均一性を高めるため)，マニュアルを強化する。アの「同時性」は，サービスは保存することができず，その生産と消費が同時に行われるという特徴のことである。ウの「消滅性」もサービスが保存できないことによる特徴であり，サービスは生産と同時に消滅してしまうため，自宅等に持ち帰り

繰り返し楽しむことができないという特徴のことである。

解説 問1. EU（欧州連合）の加盟国の多くでは，ユーロが通貨として流通している。ユーロを管理し，ヨーロッパの金融政策を担う組織が欧州中央銀行，略して，「ECB」である。ユーロの導入やECBの設立は，それに先立って設立された経済・通貨同盟（「EMU」，選択肢ウ）によって計画された。よって，正解はアの「ECB」である。イの「EMS」と略す用語は「環境マネジメントシステム」，「国際スピード郵便」，「製造請負」，「電気的筋肉刺激」，「エコドライブ管理システム」など多数ある。

問2. 金融政策は，それぞれの国や地域の中央銀行が先導するものである。ユーロ加盟国では，欧州中央銀行（ECB）が金融政策を一元的に行っている。それに対し，財政政策はそれぞれの国や政府が先導するものであり，ユーロ加盟国の間でも各国の政府が，それぞれの国の判断で財政政策をおこなっている。ユーロ危機には，多くの背景が存在するが，金融政策と財政政策の側面から考えるとイが正解といえよう。ユーロ加盟国の間に経済的な格差や産業構造の違いなどが存在しているにもかかわらず，単一の金融政策を行うという矛盾は難題である。

問3. 下線部(c)には「資本・金融と情報のグローバル化」とあることから，国境を越えた送金や情報の移動について述べているイが正解である。中央銀行デジタル通貨とは，単なる電子マネーではなく，法定通貨そのものをデジタル通貨にしようとするものである。発行や流通にかかわるコストの削減，決済のスピードアップや効率化，マネーロンダリングや脱税などの違法行為の抑制などのメリットがある。また，偽札の流通をなくすために導入を急ぐ国もあるといわれる。

4

解説 問1. 国際収支は複式簿記の原理に基づいて作成されている。複式簿記の原理とは，取引を二つの面から見るもので，例えば，商品を現金で仕入れれば，仕入れ（商品）が増加すると同時に，現金が減少すると考えるものである。そして，これらは同金額であり，同金額の二つの事象を借方と貸方に書き込むため，常に「借方の金額＝貸方の金額」であり，「借方の金額－貸方の金額＝0」となる。国際収支も，この複式簿記の原理を利用しているため，下線部(a)のような式が成り立つ。正解はウである。より単純に説明すると，下線部(a)の式から，金額の少ない資本移転等収支と統計的な誤差である誤差脱漏を無視して考えれば，「経常収支－金融収支＝0」となり，「経常収支＝金融収支」と変換できる。つまり，経常収支と金融収支は同じ金額となるという考えである。このことを大まかに考えると，貿易等で得た黒字の分（経常収支）と同金額だけ，金融資産や外貨準備などの対外資産が増える（金融収支）ということであり，逆に貿易等で赤字が出れば，対外金融資産も減少もしくは海外から借金をしなければならないということである。アとイはともに意味のない誤答である。

問2. 本来，国際収支の発展段階を見るためには，その国の経済の大きさを示すGDP等の指標と比較することにより，黒字や赤字の額が大幅であるか否かを判断するが，この問題ではそのような指標は与えられていない。このことから，判断する材料としては，表2において，貿易収支がマイナスに転じたばかりであることと第一次所得収支の黒字幅が増加していること，文章中に「世界最大の債権国」などの表現があることから，アが正解であると考えられる。

問3. 下線部(c)は「国が保有するすべての資産」を意味している。これを「国富」という。正解はウである。国富は正確には，国民が保有する全ての資産から，国民が負う全ての負債を引いたものであり，国民の持つ純資産のことをいう。アの「信用格付」とは，社債や国債の返済能力を判断するために用いられるAAA（トリプルエー）やABB⁻（エービービーマイナス）のように表現されるもので，民間の信用格付会社による企業や国の信用能力の評価のことである。イの「日銀特融」とは，政府の要請に基づき，深刻な資金不足に陥った金融機関に対し日本銀行が行う特別融資のことである。

解説 問1. おもに先進国と途上国の間で行われる貿易を垂直貿易という。先進国が工業製品などを輸出し，途上国から農産物などを輸入する形式の貿易である。それに対して，水平貿易とは先進国と先進国が行う貿易であり，お互いが得意とする工業製品を輸出し合う形式の貿易である。近年は，途上国の工業化が進み，先進国の企業が途上国に工場を建設しそこで生産するような仕組みが

一般的になってきており，上記のような単純な構造ではなく，先進国で生産された半導体を途上国に輸出し，途上国がそれを製品に加工して，再度，先進国に輸出するなどという，先進国と途上国との間での水平貿易も増加している。選択肢イで記述されている一次産品（鉱物など）と工業製品の関係が垂直貿易といえる。正解はイである。アは保護貿易を，ウは企業内貿易を表している。

問2．下線部(b)に「著しく高い経済成長を遂げている国々」という記述があることから，それを意味するアの「新興国」が正解である。新興国とは，文字通り，新興の国，つまり途上国から先進国へと変わろうとする国をいい，それらの国々は複数形でNIEsやNICsなどといわれる。新興国は時代とともに移り変わり，日本も高度経済成長時代は新興国であったといえよう。その時代の新興国を一まとめにして呼称を付けることが多く，本文にある中国やインドは2000年代にBRICS（ブラジル，ロシア，インド，中国，南アフリカ）に含められた。このような用語は，アジア四小龍（アジアの四頭の虎）やNEXT11，VISTA，など数多くあるので調べてみると面白い。ウの「最恵国」は，ある国が貿易を行うときに，条約などにおいて，最も有利な条件を提示している国のことである。一般的には「最恵国待遇」という言葉が使われ，後述されるWTOでは，国によって貿易の有利不利がないように，全ての国に最恵国待遇を与えることを原則としている。

問3．下線部(c)の状況を「**産業空洞化**」という。生産拠点，つまり，工場の海外移転は円高や貿易摩擦の回避のほか，人件費や地代の安さや現地の国が工場などを誘致するためのインセンティブの魅力，消費国の近くで生産するべきという最適地立地などから起こる。日本においても，激しい貿易摩擦やプラザ合意による極端な円高が起きた1980年代以降，工場の海外移転が加速している。しかし，近年では，周辺国の工業化が進み，人件費等も上昇したことや，カントリーリスクからの回避などから，工場の国内回帰がみられるようにもなってきた。

問4．WTOは世界貿易機関（World Trade Organization）のことであり，正解は**ウ**である。WTOの前身がアで記述されている関税及び貿易に関する一般協定であり，GATTと呼ばれたものである。第二次世界大戦の反省から，自由貿易を推し進めるために結ばれた協定である。GATTは「ラウンド」と呼ばれる多国間交渉を繰り返し，貿易自由化を進めたが，協定という立場で権力が弱いことから，組織化することが求められ，1995年に国際機関であるWTOに発展的に解消された。WTOになったことにより権力等は強化されたが，関税の引き下げなどの案件は全会一致で決議するという原則があり，交渉に長い時間を要するという欠点がある。それを補うために，二国間や，少数の国や地域の間で貿易を自由化しようとするいわゆるFTAやEPAという地域経済統合が進められている。イは北米自由貿易協定（NAFTA）でアメリカ，カナダ，メキシコの3か国による地域経済統合である。ただし，NAFTAは自由貿易を良しとしないドナルド・トランプ元米国大統領により批判され，2020年に効力を失い，米国・メキシコ・カナダ協定（USMCA）に引き継がれた。

6

解説　問1．内国為替取引では，最終的には中央銀行である日本銀行にある各銀行の預け金口座の振替によって集中決済する。しかし，外国との為替取引では，中央銀行にあたる機関は存在しない。したがって銀行は各国で銀行を選び外国為替取引についての契約を結び，個々に決済を行っている。この銀行間の契約をコルレス契約といい，契約を結んだ銀行をコルレス銀行という。正解はウである。アとイについては存在しないことである。

問2．単純に下線部(b)の内容を考えれば簡単に正解が導ける。1ドル＝120円から1ドル＝131円になるということは，円安ドル高である。円の価値が下がり，ドルの価値が上がった状況である。このことから正解はアである。

問3．通常，商品の買い手である債務者が売り手である債権者に代金を送金する。しかし，貿易取引のように，売り手と買い手の間に距離があり，運送にも時間を要する場合は，売り手である債権者（輸出者）が代金の受け取りを確実にするために，まず，輸出品を運送業者に引き渡す際に，船荷証券などの貨物代表証券を発行してもらう。そして，輸出者は自らを受取人とする荷為替手形を振り出し，貨物代表証券とともに取引銀行に買取依頼（手形割引）をする。取引銀行は輸出先の国の銀行へそれらの買取依頼をし，それらを買い取った輸出先の銀行は買い手である債務者に荷為替手形の支払いを条件に貨物代表証券を渡す。買い手は貨物代表証券と引き換えに商品を受け取るという仕組みを行う。債権者が債務者から資金を取り立てるこの仕組みは為替

手形が資金の流れとは逆に動くので，「逆為替」という。正解はアである。逆為替に対して，通常の資金の決済方法をイの「並為替」といい，並為替はウの「順為替」ということもある。

問4．正解は「**先物為替**」予約である。市場で取引されるもので，取引直後に現物の受け渡しが行われるものを直物といい，将来，受け渡しが行われるものを先物という。外国為替のみならず，株式や債券，商品（原油，金，とうもろこし等）などでも先物取引が行われている。本来，先物取引はリスクヘッジのために行われる。ここでは，わかりやすく米の先物取引で説明しよう。米の売り手（ここではとりあえず農家と考える）は凶作になり価格が高騰すると得をするが，豊作になり価格が下落すると損をする。それに対して，米の買い手（ここではとりあえず米問屋と考える）は逆に価格が高騰すると損をし，下落すると得をする。このような不確実性を排除するために米の収穫の秋を迎える前に，お互いで決めた価格で，数か月後に米を売買する契約をする。これが米の先物取引である。これにより，お互いは損をすることはなくなるが，同時に，得をすることもなくなる。いわゆる，不確実性やリスクがなくなるのである。このようなリスクヘッジのための先物取引であるが，先物取引のほとんどが現物を伴わない指数の取引であり，わずかな金額で多額の取引ができるため，投機的に利用されていることがあり，先物取引に悪い印象を与えている。

7

| 解 説 | 問1．下線部(a)に示されている市場を「本則市場」という。正解はアである。本則とは「本来の（正規の）規則」という意味であり，正規の規則をクリアしている企業のみが上場できる市場ということである。それに対して，今の段階では正規の規則をクリアすることができないが，将来的な成長が見込まれる企業のための市場を新興市場という。札幌証券取引所と福岡証券取引所では，現在も本則市場という言葉が使われている。イは債券が取引されている市場のことで，ウは投資が行われる市場のことである。株式市場や債券市場は抽象的な市場の意味の他，東京証券取引所のような具体的な市場も存在するが，投資市場という具体的な市場はない。

問2．資本を増やすことを「増資」という。株式会社の場合，新株を発行することが増資である。そして，新株の発行の方法には，公募，株主割当増資，第三者割当増資の三つがある。上場会社であれば，発行された新株は株式市場で取引される。正解はイである。アの「買収」は，株式を買い占め企業の経営権を取得することである。ウの「公開」は，初めて株式市場に株式を上場させることであり，IPOともいわれる。

問3．下線部(c)の前半に「上場時の時価総額に基準はない」とある。それに対し，スタンダード市場の説明に「十分な流動性を備えた」とあるが，十分な流動性とは流通する株式（浮動株）が多くあるということで，それなりの時価総額が必要だという意味である。このことから，スタンダード市場では時価総額に基準があることが予想できる。また，下線部(c)の後半に「上場10年経過後に40億円以上の時価総額となる」と成長可能性への期待に関する記述があるので，**ウ**の「グロース市場」が正解であると推定できる。

8

| 解 説 | 問1．証券会社が自己資金で証券の売買を行うことで利益を上げようとすることをディーリングという。正解はイである。アはブローキングのことであり，ウはアンダーライティングのことである。これに，証券会社が，企業が発行した証券を買い取らず一時的に預かって投資家に販売する募集業務であるセリングを含めた四つの業務が証券会社の主な業務である。全ての証券会社がこの四つの業務を行っているのではなく，四つの業務すべてを行っている証券会社は総合証券会社と呼ばれる。それに対して，地場証券会社などと呼ばれる小規模な証券会社はディーリングとブローキングのみを行っていることが多い。

問2．銀行に預金された資金は，融資として貸し出される。融資は貸出先の預金口座に入金される。これにより，預金が増加する。この預金は，再度，融資することができ，その融資も預金口座に入金されることで，再度，融資される。これが繰り返され，預金通貨を増やすことを「**信用創造（預金創造）**」という。

問3．下線部(c)に続く文章を読めば，正解が**ウ**であることは容易にわかるであろう。新型コロナウイルス感染症が収束した後に，コロナ禍で消費を控えた反動として，この貯蓄を一気に消費，特に観光や娯楽に回すのではと期待する向きもあり，この反動による消費を「リベンジ消費」などと表現している。「巣ごもり消費」と併せて，コロナ禍により新しく生まれた言葉である。

問4．当初「所得倍増プラン」として発表されたものが，「資産所得倍増プラン」と名称が変更され，物議を醸した。低金利が続くわが国で，資産から得る所得を増加させるためには，資産を預貯金で貯蓄するばかりではなく，株式や株式を組み入れた投資信託などへ積極的に投資しなければならない。こう考えれば，小泉内閣時代のスローガンについて知らなくても，**イ**の「貯蓄から投資へ」が正解であると判断できるであろう。日本人は資産運用に対して安全を好む傾向が強く，貯蓄をするケースが多い。個人が積極的に株式市場などに投資することで経済を活性化させようという取り組みである。株式投資などから得られる収益を一定金額非課税とするNISAは，この取り組みを進めるためのものである。

9

| 解 説 |

問1．選択肢を一つずつ，終身雇用の利点を表す内容か見てみる。終身雇用によって，人生の長い時間を一つの企業で過ごすことで帰属意識が高まることは予想できる。併せて，長期にわたって雇用することは，技能の伝承にも好都合であろう。アは終身雇用の利点を述べているといえる。終身雇用は，定年まで雇用することが原則であるため，中途で解雇することは難しい。従業員数の調整は困難であるため，イはあり得ない。終身雇用は賃金の制度ではないため，ウも誤答である。ウは成果主義賃金の利点であろう。以上のことから正解は**ア**である。

問2．正解は**ウ**である。ウにある通り，長く働くほど賃金が上がるシステムが年功賃金である。労働者の定着率を上げるとともに，年齢の上下関係を大切にする日本の文化に合ったシステムであるため，年齢の上下関係と賃金の額がおおよそ比例し，労働者間の人間関係などに良い影響を及ぼす。反面，成果に見合った賃金が払われない場合，不満を生みやすい。アは能力給を表しているのであろうが，知能や人格，体力などは，企業内で推し量るものではないため，日本では，職能給という労働者の職務遂行能力に合わせて賃金を支払うシステムを形式上採用し，定期的に職能を上昇させることで実質的には年功賃金を形成している。イは成果主義賃金を意味している。

問3．ボトムアップの意思決定とは，意思決定をボトム（底）からトップに向かってアップすることを意味している。係長から課長へ，課長から部長へと，下位の者が考えた案などを，上位の者が承認していく制度である。このような意思決定は「稟議制度」や回議制度という方法で行われている。正解は**ウ**である。ボトムアップの意思決定は日本でよくみられる意思決定の方式であり，意思決定までに時間がかかるが，関係者全員がその意思決定をよく理解できるため，実行が素早くできるなどのメリットがある。アの「内部統制」とは，企業が違法行為や不祥事を防ぐために，組織内部で規則を作り，それに従って統制するしくみのことである。イの「指名委員会等設置会社制度」とは，外部からの統制を強化するための会社制度である。

問4．問3とは逆に，社長が自ら決定した案件の実行を部長に命令し，部長がその案件の実現のための方法の全体案を考えて課長に命令し，課長が細かな案を練って係長に指示するといった，上位（トップ）が行った意思決定を，下位の者にダウンしていく意思決定の方式を「**トップダウン**」の意思決定という。トップダウンの意思決定は，意思決定までのスピードが速い，決定の責任が明確というメリットがある。

10

| 解 説 |

問1．ワーク・ライフ・バランスは「仕事と生活の調和」と訳される。正解は**イ**である。イにある通り，ワーク・ライフ・バランスの実現は仕事と生活の双方に良い結果をもたらすため，企業は積極的に従業員のワーク・ライフ・バランスの向上に取り組んでいる。具体的には，育児休暇や介護休暇，育児や介護のための時短勤務を取得しやすくすること，好きな時間に働けるフレックスタイム制度の導入，長時間労働防止対策，どこでも働けるテレワーク制度の導入，福利厚生制度の拡充などである。

問2．下線部(b)からでは，さまざまな用語が予想できる。それぞれの選択肢を見て考える。アの「セーフガード」は緊急輸入制限のことで，特定の品目の輸入が急激に拡大することで国内の産業に重大なダメージが起きると判断できる場合，その品目の輸入を制限する制度である。社会保障とは関係ない。イの「コンプライアンス」は，日本では法令遵守のことをいう。特に企業においては，法令の他，企業内において守らなければならないルールなどをコンプライアンスということが多い。これも，社会保障とは関係がない。ウの「セーフティネット」とは安全網の意味である。人やモノが高所から落下した場合の損害を防ぐための網のことである。そこから

転じて，生活や雇用に不安を抱える国民を助けるための社会保障制度をセーフティネットと称するようになった。正解は**ウ**である。

問3．戦時中，戦地への物資や国内への食料などを輸送する船を敵国による攻撃から守るために，軍艦を交えた数隻の船で集団を作り航海した。この集団を護送船団という。護送船団では，最も性能の低い船の能力に合わせて航行しなければならない。このように集団の中で最も能力の劣るものに合わせてルールなどを定めることを護送船団方式という。日本では，金融機関の破綻による経済の混乱を防ぐ目的で行われていた金融機関保護のための規制の方法を護送船団方式という。正解は**イ**である。

問4．独占や寡占による利益を目的に複数の企業が連携する形にはカルテル，トラスト，コンツェルンという三つの種類がある。カルテルは，同じ産業の複数の企業が，価格や製品の内容や取引量について協定を結ぶことで利益を確保しようとすることである。トラストは，同じ産業の複数の企業が合併することで，独占的な地位を得て利益を確保することである。コンツェルンは親会社が複数の企業を傘下に持つことで，企業間の取引を独占するものである。正解は**ア**である。それぞれ，消費者に対し，独占や寡占などによる不利益を起こす可能性があり，独占禁止法などにより規制されているが，近年，人口減少や過疎化などにより，一部の地域の小規模な金融機関が体力を失っていることから，金融機関同士のトラストについて容認される動きがある。

11

|解　説|　問1．下線部(a)の後半に「社会から企業に求められる責任」とある。企業(Corporate)の社会的(Social)責任(Responsibility)をCSRという。正解は「**CSR**」である。企業は利益のみを追求するのではなく，行政や市民と一丸になって，社会の利益のための責任を負うべきであるというものである。企業が行う社会貢献活動をCSR活動という。

問2．消費者が製品やサービスを購入するとき，それらの製品やサービスが一定のレベル以上のものかどうかを見極めるのは難しい。このような状態であると，企業はせっかく良い製品を製造しても，その他の粗悪な製品とは見分けがつかないため，良い製品を作ろうとする意欲が失われてしまう。そのため，良い製品であるかどうかを見極める外部団体を組織し，良い製品であるという認証を行っている。このような認証を行う外部団体として，国内の鉱工業品について認証を行っているのが日本産業標準化調査会(JISC)であり，そこでの規格を日本産業規格(JIS，選択肢イ)という。そして，各国の認証を行う団体で構成される国際的な標準化・規格化団体が，ジュネーブにある国際標準化機構(「ISO」)である。正解は**ア**である。本文にある環境に関する規格，環境マネジメントシステムをISO14001という。ウの「ANSI」は米国国家規格協会のことであり，アメリカの規格団体である。JISCとANSIはともにISOの参加機関である。

問3．正解は**イ**である。環境保全は行政や企業，市民が一体となって取り組まなければならない最重要課題である。現在では，環境に負荷をかける企業への批判のみならず，環境への貢献に取り組む企業を積極的に評価する動きが強く，企業もそれを無視することができないようになった。このような動きに合わせ，近年，ESG投資というものが拡大している。ESG投資とは，環境(Environment)，社会(Social)，企業統治(Governance)に優れた企業は，社会的に価値があり，持続的な成長が望めるという考えから，これらに積極的に取り組んでいる会社に投資しようとするものである。

12

|解　説|　問1．正解は「**多国籍**」企業である。近年は，国際的に行動する企業をグローバル企業と呼ぶことが多いが，漢字3文字という規定から多国籍企業が正解である。多国籍企業には厳密な定義は存在しないが，単に輸出や現地生産をする企業ではなく，複数の国にまたがって積極的な企業活動を行っている企業であり，なおかつ比較的規模の大きな企業を多国籍企業と呼ぶことが多い。

問2．下線部(b)の直前の文章にある，「輸出が急増」，「輸出自主規制により輸出量が制限」，「輸出先のアメリカ市場を維持」などから，**ウ**の「貿易摩擦回避型」が正解であることを導くことができる。1970年代末から1980年代前半は，高度経済成長が落ち着いた安定成長の時代であり，バブル景気が始まる直前であった。当時，自動車や家電の分野では，国内メーカーが多数存在したことから，国内での過当な競争が輸出へと向かい，集中豪雨的輸出といわれるほど，欧米に向けた輸出を行っていた。そして，それで生まれた貿易摩擦を回避することを目的に現地生産

をするための工場を設立するという海外直接投資が行われた。アの「資源開発型」の直接投資は1950年代から1960年代半ばころまでの，石油や鉄鉱石を確保するために行った直接投資であり高度経済成長を支えた。イの「労働力利用型」の直接投資は，1970年代前半に見られた直接投資であり，高度経済成長により日本人の賃金が上昇したことやニクソン・ショックによる円高の影響などから，国外の，特に賃金が安いアジア諸国に工場を建設する形の直接投資である。このような労働力利用型の直接投資は2000年代から2010年代にも多く見られたが，近年，周辺諸国の経済成長などから，台湾の企業が日本に工場を作るなどといった逆の形も見られるようになった。

問3．企業経営の現地化(ローカライズ)とは，単に日本企業の資金で外国に工場を作り，日本から輸出した日本製の部品で，工場労働者として現地の従業員を雇用し，日本人の管理職からの指示どおりに，日本式の生産方式で企業経営を行うのではなく，工場の設立に現地の企業や行政からの資本参加を仰ぎ(資本の現地化)，部品も現地から調達し(調達の現地化)，労働者のみならず管理職社員も現地で採用し(人材の現地化)，現地の習慣に基づいた経営を行い，現地に適応した商品の研究・開発などを現地で行う(研究開発の現地化)ことである。人材の現地化を行うことで現地の風習や習慣を経営に導入することや，現地で採用した労働者に管理職登用への道を示すことによるモチベーションの上昇，現地社会との摩擦や軋轢の回避などが考えられる。正解はイである。アは「日本語によるコミュニケーション」という部分が，ウは「親会社の管理職が現地法人の管理職に就く」という部分が間違いであることから誤答であることがわかる。また，今日では多国籍に活動する日本のアパレル企業が，日本で学ぶ現地出身の留学生を採用し，その従業員を現地の管理職に登用する動きなどもある。

<u>13</u>

| 解 説 | 問1．ベンチャービジネスは，新しい技術や高度な知識などに基づいて，既存の企業が想像もつかなかったような革新的・創造的な事業に挑戦する新しい企業のことである。正解はアである。ベンチャービジネスという言葉は，冒険を意味するベンチャーと仕事を意味するビジネスの二つの英語を組み合わせた和製英語である。欧米ではスタートアップ・カンパニーやスタートアップなどと呼ばれている。最近は日本でもスタートアップと呼ばれることが多くなってきた。

問2．GAFAと呼ばれる企業やマイクロソフト，ウーバー，テスラなどの巨大企業も，もともとはベンチャービジネスからスタートしている。アメリカはこれらの企業が次々に生まれたことにより，1980年代の深刻な不況から復活し，大きな成長を続けている。そして，これらの企業は，全て，起業家と呼ばれる野心的で革新的な創設者によって起業された。長く景気低迷が続いているわが国でも，既存企業に頼ることなく，新しいビジネスを起こす人物が求められている。そのような人物を求めるなかで，起業家精神の育成が叫ばれるようになった。正解は「**起業家精神(企業家精神)**」である。

問3．ベンチャービジネスを行うためには資金が必要である。しかし，過去の利益の実績がないことや担保がないことなどから，銀行などの金融機関から融資を受けることは難しい。そんなベンチャービジネスに資金を援助する専門の投資家などが存在する。自治体などがベンチャービジネスの育成のために設立した「ベンチャー財団」(選択肢ア)，ベンチャービジネスが成功した場合に得られる大きな利益に着目し民間企業が設立した「ベンチャーキャピタル」(選択肢ウ)や同じく利益に着目した個人投資家である「エンジェル」などである。正解はイである。

問4．研究の成果や新技術を持つが資金が不足している大学の研究室などと，資金はあるが新しい事業などを始めるための新技術などが乏しい民間企業の，双方のニーズを結び付けるための機関がTLO(技術移転機関)である。正解はウである。TLOなどの働きかけにより，大学と企業などが連携することを産学連携といい，近年はそこに政府や自治体も加えた考えである産学官連携という用語が用いられるようになった。加えて，近年では，TLOを含んだより大きな意味で，企業と大学，企業と企業などあらゆる異なる二つ以上の組織の技術や知識をマッチングし新技術や新製品を創造しようとする取り組みであるオープン・イノベーションという言葉が一般に用いられるようになった。産学官連携とオープン・イノベーションはほぼ同じような文脈で用いられている。

<u>14</u>

解 説　問1．社会に存在する課題や問題を，行政によるサービスや既存の大企業の利益獲得主体のビジネス

で解決するのではなく，住民が主体となり，持続的・継続的なビジネスによって解決しようという取り組みをソーシャル・ビジネスという。ソーシャル・ビジネスのなかでも，特に地域社会・地域住民などの小さなコミュニティが抱える課題を解決するための事業を地域ビジネス（コミュニティビジネス）という。つまり，地域ビジネスとは，地域の課題を，地域の住民が主体となって，持続的なビジネスによって解決しようという取り組みである。ビジネスの持続性・継続性を重視するためにも，効率化による利益の最大化よりも，ゆとりのある，地域への貢献を最大化するビジネスとなる。このようなことから正解はイである。アとウは特に意味のないものであるが，行政サービスは自治体の財政による縮小や廃止，営利を重視する企業のビジネスは不採算による撤退などがあることから持続的（サステナブル）ではないと考えられる。

問2．下線部(b)にあるような事業の内容を「ビジネスプラン」という。正解はウである。新規ビジネスを始める際には，第三者へそのビジネスを理解してもらうためにも，ビジネスの概要をまとめたビジネスプラン（事業計画書）を作成する。特に，金融機関などから融資を受けるためには，客観的な視点で作成されたビジネスプランが重視される。アの「ビジネスアイデア」は，ビジネスを始めるきっかけになる思いつきや発想のことである。イの「ビジネスモデル」は，お金を儲ける仕組みのことである。ビジネスアイデアから，ビジネスモデルを考え出し，ビジネスモデルを具体的にしたビジネスプランを作成する。

問3．地域で生産されたものを，その地域で消費しようという考えを地産地消という。正解はアである。イとウは地産地消から派生した用語で特に確立された定義はないが，共に地域で生産したものをその他の地域で消費するという考えであり，イの「互産互消」には地域，特に地方の地域同士がお互いに無いものを交換するというようなニュアンスで用いられており，ウの「地産他消」は地方で生産されたものが都市で消費されるようなニュアンスで用いられている。

問4．起業家（企業家）は英語のアントレプレナーの翻訳語である。起業家のなかでも，社会問題の解決のためにソーシャル・ビジネスを始めようとする人物を「ソーシャルアントレプレナー」という。正解はアである。イの「ホワイトカラー」は事務労働者を指す言葉で，工場労働者を指すブルーカラーに対する表現である。ウの「インキュベーター」は孵卵器（卵をかえす機械）のことであり，ビジネスではベンチャービジネス（スタートアップ）を養成するために，安価に借りられるオフィスを設置するなど企業に関する支援を行う事業者のことをいう。

12	満15歳以上の生産年齢人口から非労働能力人口を差し引いたものを何というか。	
13	働く意思があり，求職活動をしているにもかかわらず，仕事に就くことができない人を何というか。	
14	労働力人口に占める失業者数の割合〔＝失業者数÷労働力人口×100（％）〕を何というか。	
15	公共職業安定所で扱った月間有効求人数を月間有効求職者数で割ったものを何というか。	
16	採算のとれない事業を縮小したり，従業員を解雇したりすることも含め，企業などが事業を再構築することを何というか。	
17	雇用における男女の均等な機会と待遇の改善を図るとともに，女性労働者の就業に関して特段の措置を推進することを目的とする法律は何か。	
18	海外に駐在員事務所を設置したり，人材の国際交流を促進したり，さらには生産・販売拠点を国際展開したりするなど，長期的・計画的に海外進出を進めることを何というか。	
19	労働者1人あたりの生産高のことを何というか。	
20	所得のなかから所得税や住民税といった税金を納め，さらに社会保険料を支払った残りの金額を何というか。	
21	可処分所得は消費と貯蓄にあてられるが，そのそれぞれの割合を何というか。	
22	生活の中身が均質化し，人々がほぼ同じように消費し，楽しみ，生活する社会を何というか。	
23	情報通信技術(ICT)によって電力使用量を効率的に管理する仕組みを何というか。	
24	個人情報や企業情報などを，窃取や改ざん，破壊などから守ることを何というか。	
25	個人にサービスを提供する産業を何というか。また，それは一般的に4つに分類されるが，その種類を示せ。	
26	企業などの事業所にサービスを提供する産業を何というか。また，それは一般的に3つに分類されるが，その種類を示せ。	
27	経営の効率化を目的として，業務の一部を外部の企業などに委託することを何というか。	

答

12労働力人口　　　　　　　13失業者
14失業率　　　　　　　　　15有効求人倍率
16リストラクチャリング　　17男女雇用機会均等法
18グローバル戦略　　　　　19労働生産性
20可処分所得　　　　　　　21消費性向と貯蓄性向
22大衆消費社会　　　　　　23スマート・グリッド

2　サービス産業の現状
24情報セキュリティ

25対個人サービス産業 ── 25生活支援関連サービス業
　　　　　　　　　　├─ 25健康・医療関連サービス業
　　　　　　　　　　├─ 25生活情報関連サービス業
　　　　　　　　　　└─ 25余暇関連サービス業

26対事業所サービス産業 ── 26代行関連サービス業
　　　　　　　　　　　├─ 26人材派遣関連サービス業
　　　　　　　　　　　└─ 26情報関連サービス業

27アウトソーシング

28 | 新しいサービスを生み出すための発想法には，物をそれに見合うサービスに置き換えようとする考え方と，物をサービスによって補おうとする考え方があるが，そのそれぞれを何というか。

Ⅱ　経済の国際化

1 | 製造業者が自ら行う輸出を何というか。また，これに対して，製造業者が商社などを通して行う輸出を何というか。

2 | 製造拠点が海外に設置され，やがて販売地域が国境を越えて海外へと広がっていく現象を何というか。

3 | 地域統括会社や研究開発拠点，サービス拠点などを設立し，世界中で活動する段階に達した多国籍企業のことを何というか。

4 | 1989年の崩壊まで東ドイツと西ドイツを区切っていた壁で，東側の社会主義(計画経済)と西側の資本主義(市場経済)を隔てる象徴となっていたものを何というか。

5 | 通商上の障壁を取り除く，2国間以上の国際協定を何というか。また，通商上の障壁除去に加え，経済取引の円滑化，経済制度の調和，人的交流の推進などを含む幅広い国際協定を何というか。

6 | 経済的，政治的，あるいは地域的に密接な利害関係にある国々が，自由貿易協定や関税同盟，共同市場などの段階よりも緊密な経済協力関係を樹立しようとして結成する同盟を何というか。

7 | 国を越えた一定域内で，他国との協調により自由な経済交流を進め，自国経済の活性化を図ろうとする活動を何というか。

8 | 市場統合を完成させたEC(欧州共同体)は，1993年のマーストリヒト条約の発効によりEU(欧州連合)となり，経済・通貨統合のみならず，政治統合も目指すようになったが，このような動きを何というか。

9 | 1998年，経済・通貨同盟(EMU)の計画にそって欧州中央銀行(ECB)が設立され，1999年1月に，EU加盟国のうち11か国で欧州単一通貨(ユーロ)が資本・金融取引に導入されたが，このような動きを何というか。

答

［新しいサービスを生み出すための発想法］─┬28代替
　　　　　　　　　　　　　　　　　　　　　└28補完

Ⅱ　経済の国際化

1　企業の国際化・グローバル化

［輸出の形態］─┬1直接輸出
　　　　　　　　└1間接輸出

2企業の国際化　　3グローバル企業　　4ベルリンの壁

［経済のグローバル化を進めるためのしくみ］
　　　　　┬─［GATTやWTOなどの国際条約や機関］
　　　　　├─5FTA(自由貿易協定)とEPA(経済連携協定)
　　　　　│　　　　　　　　　　　┌─8ヨーロッパにおける経済統合
　　　　　│　　　　　　　　　　　├─9ヨーロッパにおける通貨統合
　　　　　│　　　　　　　　　　　├─(10北米における経済統合)
　　　　　└─6経済同盟［などの］├─(11南米における経済統合)
　　　　　　　　　7地域経済統合─├─(12東南アジアにおける経済統合)
　　　　　　　　　　　　　　　　　└─(13アジア・太平洋地域における経済統合)

10	1994年，域内の関税を全廃し，金融や投資の自由化などを目指すNAFTA(北米自由貿易協定)が発効したが，このような動きを何というか。	
11	1995年，共同市場の創設を目的とするメルコスール(南米南部共同市場)が発足したが，このような動きを何というか。	
12	1967年，各国の地域的協力を目指し，ASEAN(東南アジア諸国連合)が設立され，さらに現在では，AFTA(ASEAN自由貿易地域)やAIA(ASEAN投資地域)などの構想により，貿易・投資の自由化が進められているが，このような動きを何というか。	
13	1989年，経済・技術協力と貿易・投資の自由化を目的として，APEC(アジア太平洋経済協力)が設立されたが，このような動きを何というか。	
14	国境を意識することなく経済活動が行えるような現象を何というか。また，これに対して，経済活動が依然として国境を意識して行われている現象を何というか。	
15	経済のグローバル化には格差の拡大や価値観の押しつけなどがあるとして，その方向性に反対する動きがあるが，それを何というか。	
16	国際取引によって発生する一国の受け取りと支払いの差額を何というか。	
17	貿易・サービス収支，第一次所得収支，第二次所得収支の合計を何というか。	
18	資本移転や特許権・著作権・商標権などの取引の差額を何というか。	
19	直接投資，証券投資，金融派生商品，その他投資および外貨準備の合計を何というか。	
20	ある国が海外に保有する株や不動産などの資産を何というか。	
21	ある国が保有する対外資産のうち，政府や中央銀行が保有するものを何というか。	
22	財の輸出入の差額を何というか。また，旅行や輸送といったサービスの受け取りと支払いの差額を何というか。さらに，この二つを加えた合計を何というか。	
23	賃金・金利・配当金などの受け取りと支払いの差額を何というか。	
24	国際機関への分担金や寄付，労働者による送金など，対価をともなわずに行われる一方的移転の差額を何というか。	
25	第一次所得収支に第二次所得収支を加えたもの(＝第一次所得収支＋第二次所得収支)を何というか。	

答

10北米における経済統合
11南米における経済統合
12東南アジアにおける経済統合
13アジア・太平洋地域における経済統合
14ボーダーレスとボーダーフル
15反グローバル化

2 国際化の進展と国際収支

16国際収支＝17経常収支＋18資本移転等収支－19金融収支＋[誤差脱漏]＝0

20対外資産　　21外貨準備

22貿易収支　　22サービス収支

[経常収支]＝22貿易・サービス収支＋23第一次所得収支＋24第二次所得収支

25海外からの純所得

26	1年間にその国の国内で新たに生み出された付加価値の合計(＝消費＋投資＋純輸出)を何というか。	
27	さまざまな経済指標のうち，1年間にその国の国民が新たに生み出した付加価値の合計(＝国内総生産＋海外からの純所得)，1年間にその国の国民に新たに分け与えられたお金の合計，1年間にその国の国民が新たに支払った(使った)お金の合計をそれぞれ何というか。	
28	国内総生産の生産面・分配面・支出面について，算定方法は異なっても，最終的にその数字(3つの経済指標)はすべて同じ値になるという原則を何というか。	
29	製品の製造過程で機械などが消耗し，その価値の一部が失われた分，すなわち，機械の価値の消耗分を何というか。	
30	国民総生産から機械の価値の消耗分を差し引いたもの(＝国民総生産－固定資本減耗)を何というか。	
31	国民純生産から，生産物に含まれている間接税を控除し，支給された補助金を加算したもの(＝国民純生産－間接税＋補助金)を何というか。	
32	政府だけでなく民間企業も含めた国全体の資産(＝対外総資産－対外総負債)を何というか。また，それがプラスの国とマイナスの国をそれぞれ何というか。	
33	対外純資産に，国内の工場や店舗，さらには土地や地下資源，漁場などの資産を加えたものを何というか。	
34	国際収支の構造変化について，6つの段階に分けて説明する理論を何というか。	
35	特定の二国間において貿易収支の不均衡が原因で生じる緊張の高まりを何というか。	
36	各国が自国内で比較優位を持つ商品の生産に特化し，貿易を行えば，いずれの国の国民も自国の生産量を上回る量の商品を取得できるようになるとする原理を何というか。また，その原理の代表的な理論としてイギリスの経済学者リカード(D. Ricardo)が提唱した説を何というか。	
37	比較優位の原理に基づいて貿易を行うことを何というか。	
38	外国から輸入される商品などに課される税金を何というか。	
39	ある商品の輸入が国内産業に重大な損害を与え，国民経済上緊急の必要性が認められる場合に，その商品の関税引き上げなどを行う制度を何というか。	
40	関税以外の輸入調整手段として，ある品目について一定期間の輸入数量を定め，それ以上の輸入を認めないことを何というか。	

答

26 国内総生産(GDP)

27 国民総生産(GNP)，国民総所得(GNI)，国民総支出(GNE)

28 三面等価の原則
　　└─[国内総生産(GDP)＝国内総所得(GDI)＝国内総支出(GDE)]

29 固定資本減耗

30 国民純生産(NNP)　　31 国民所得(NI)

32 対外純資産，債権国と債務国

33 国富

34 国際収支の発展段階説

35 貿易摩擦

3　貿易の利益と課題

36 比較優位の原理，比較生産費説

37 国際分業

38 関税

39 緊急関税制度(セーフガード)

40 輸入数量制限

41	国内産業を保護するために，政府が輸入品に関税をかけたり，輸入できる数量を制限したりする貿易政策を何というか。また，これに対して，関税や輸出入制限といった国家の介入や干渉をすべて排除して行われる貿易を何というか。	
42	1947年にジュネーブで調印され，翌年に発効した，自由貿易のルールを定めた国際協定を何というか。また，それを拡大発展させる形で1995年1月に発足した，自由貿易を促進するための国際機関を何というか。	
43	現時点ではそれほど競争力を持っていないが，将来競争力を持つかもしれない産業を保護しようとする政策を何というか。	
44	今後，世界的な需要が大きく見込まれる産業に対して，政府が積極的に補助金を出して育てていく政策を何というか。	
45	例えば繊維産業など，事業活動を営むうえで労働力に対する依存度が高い産業を何というか。これに対して，例えば自動車産業など，事業活動を営むうえでより多くの機械・設備を必要とし，資本への依存度が高い産業を何というか。	
46	同じ用途を持つ競争製品のなかにあって，自社製品の特性を強調し，需要を引きつけようとすることを何というか。	
47	ある国が原材料などの一次産品を輸出し，他の国がそれに付加価値をつけて工業製品として輸出するという国際分業を何というか。また，これに対して，互いに工業製品を輸出入しあう国際分業を何というか。	
48	水平貿易の一形態で，開発途上国が労働集約型産業の商品を，先進国が資本集約型産業の商品をそれぞれ輸出するなど，異なる産業間で行われる貿易を何というか。	
49	水平貿易の一形態で，先進国どうしが同じ商品を輸出入しあうなど，同一産業内で行われる貿易を何というか。	
50	水平貿易の一形態で，生産工程の一部において，海外で生産した部品を本国に輸入し，完成品に組み立てたうえで輸出するなど，同一企業内で行われる貿易を何というか。	
51	1990年代以降の経済成長が著しく，貿易取引の相手方としても，また，投資先としても有名になってきた国々を何というか。	
52	工場などの生産拠点が海外に移転することにより，国内産業が衰退し，人々の就労の機会が失われていく現象を何というか。	

答

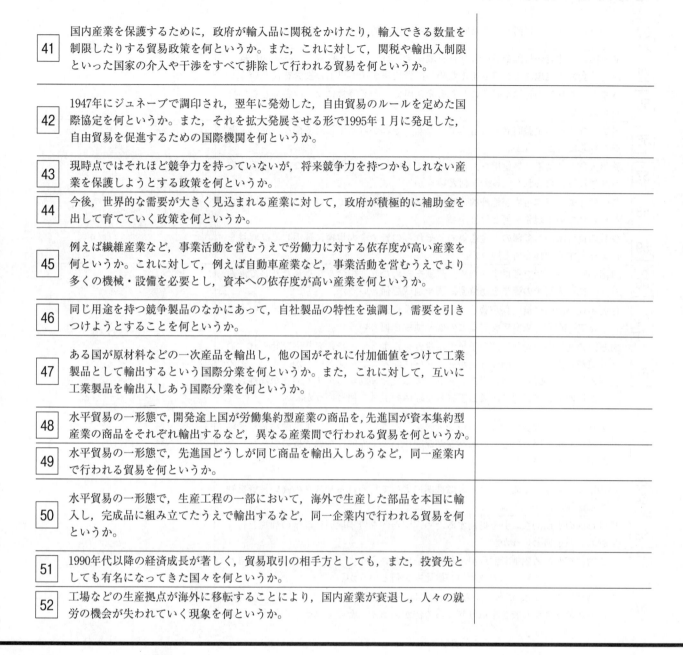

[政策面から見た貿易の種類]─┬41保護貿易
　　　　　　　　　　　　　　└41自由貿易

42GATT（関税および貿易に関する一般協定），WTO（世界貿易機関）
43幼稚産業保護政策
44戦略的通商政策
45労働集約型産業，資本集約型産業
46製品差別化

[構造面から見た貿易の形態]─┬47垂直貿易
　　　　　　　　　　　　　　└47水平貿易─┬48産業間貿易
　　　　　　　　　　　　　　　　　　　　　├49産業内貿易
　　　　　　　　　　　　　　　　　　　　　└50企業内貿易

51新興国
52産業空洞化

53	公的な資本移動と民間の資本移動からなる，国際的な資金の移動を何というか。	
54	ある国の居住者が外国企業の経営権を取得する目的で行う投資で，具体的には，海外子会社や現地法人を設立するための出資比率が10％以上の投資を何というか。	
55	さまざまな種類の証券を対象にした資産運用で，企業経営には直接参加しない投資を何というか。	
56	外貨や株などの金融商品そのものではなく，それから派生した多様な商品のことを総称して何というか。	
57	輸出入業者による貿易信用や銀行などによる貸し付け・借り入れなど，直接投資や証券投資に含まれない投資を何というか。	
58	各国の金融・資本市場が地理的・時間的制約を乗り越えて一つの世界的市場にまとめられていく現象を何というか。	
59	少数の投資家から多額の資金を集め，それらの資金を大規模に運用して高収益を得ようとする団体を何というか。	
60	外国の資本や通貨を獲得するため，規制を緩めたり，税金をなくしたりして優遇し，企業や大富豪の資産を誘致する国や地域を何というか。	
61	1990年代以降の経済成長が著しく，貿易や投資先として有力になってきた中南米やロシア・東欧，東南アジアなどの国や地域を何というか。	
62	ある国の通貨が，切り下げを予想する投資家によって大量に売り浴びせられ，通貨価値が暴落してその国の経済が混乱状態に陥ることを何というか。また，その実例として，1997年にヘッジファンドによる資金移動からタイの通貨が暴落し，それが他のアジア諸国に波及して生じた経済の混乱を何というか。	
63	アメリカの大手投資銀行の一つが経営破綻したことにより，大手金融機関が連鎖的に経営危機に陥るなど，金融不安が深刻化し，世界的な金融危機の引き金となった事件を何というか。	
64	2010年にアメリカで成立した，金融機関によって行われるリスクの高い投資を制限する法律は何か。	
65	投機目的の短期的な取引を抑制するため，国際的な資本取引に低率の課税を行う金融取引税を何というか。	
66	国際的に行われる隔地者間取引の仕組みを何というか。また，その際に用いられるある国の通貨と別の国の通貨の交換比率を何というか。	
67	外国為替においては，債務者から債権者に向けて決済する方法と，それとは反対に債権者が債務者から資金を取り立てる方法があるが，そのそれぞれを何というか。	

答 4　国際資本移動

[公的な資本移動]──[政府開発援助(ODA)など]

53国際資本移動

[民間の資本移動]──54直接投資
　　　　　　　　　　55証券投資(間接投資)
　　　　　　　　　　56金融派生商品(デリバティブ)
　　　　　　　　　　57その他投資

58金融のグローバル化
59ヘッジファンド
60タックス・ヘイブン
61新興国市場(エマージング・マーケット)
62通貨危機，アジア通貨危機
63リーマン・ショック
64金融規制改革法　　65トービン税

5　外国為替
66外国為替と外国為替相場(外国為替レート)

[外国為替の決済方法]──67並為替
　　　　　　　　　　　67逆為替

68	自国通貨の為替相場の変動幅を，極めて狭い範囲内に抑え込むため，通貨当局が市場介入して調整する制度を何というか。また，原則として通貨当局は市場介入をせず，需給関係に応じて為替相場が変動する制度を何というか。	
69	1971年8月，当時のアメリカ合衆国大統領ニクソンは，金とドルの交換を停止する宣言を出したが，これは何と称されているか。	
70	外国為替市場における銀行間取引で決定される相場を何というか。また，銀行が企業や個人などの顧客と取引する際の相場を何というか。	
71	通貨の受け渡しが契約の成立時，またはその後2営業日以内に行われる外国為替の売買取引を何というか。また，その際に適用される外国為替相場を何というか。	
72	通貨の受け渡しが契約の成立後一定期間をおいてからなされる外国為替の売買取引を何というか。また，その際に適用される外国為替相場を何というか。	
73	先物取引の契約を行うことを何というか。	
74	外国為替相場の変動によって生じる利益と損失をそれぞれ何というか。また，外国為替相場の変動によって損失を被るかもしれない危険性を何というか。	
75	一方での為替差損を他方での為替差益でカバーするようにして，為替リスクを回避することを何というか。	

Ⅲ　金融市場と資本市場

1	資金に余裕のある主体と資金が不足する主体をそれぞれ何というか。また，現時点で，前者から後者へと資金が融通されることを何というか。	
2	資金の貸し手が支払いを受ける権利を何というか。また，資金の借り手が将来における元本や利息・配当の支払いなどを約束することを何というか。	
3	契約時に金利や期間などが定められ，定時の利払いと満期における元本の償還が約束される金融取引を何というか。また，投資先の業績に応じて配当が受け取れるとともに，時価の変動によって売却益を獲得することのできる金融取引を何というか。	
4	金融取引において，投資先の業績に応じて受け取ることのできる配当を何というか。また，資産の時価の変動により獲得することのできる売却益を何というか。	
5	経済環境が悪化した場合などに契約の履行が滞るかもしれない危険性を何というか。	

答

[外国為替制度]──┬─68固定相場制
　　　　　　　　　└─68変動相場制　　69ニクソン・ショック

[適用対象から見た2種類の外国為替相場]──┬─70市場相場
　　　　　　　　　　　　　　　　　　　　└─70対顧客相場

[受け渡し時期から見た2種類の外国為替取引とその相場]──┬─71直物取引，直物相場
　　　　　　　　　　　　　　　　　　　　　　　　　　　└─72先物取引，先物相場──73先物為替予約

74為替差益と為替差損，為替リスク　　75リスク・ヘッジ

Ⅲ　金融市場と資本市場

1　金融取引の発達
1黒字主体と赤字主体，金融取引
2債権と債務

[金融取引の分類]──┬─3負債型金融取引(デット)
　　　　　　　　　└─3資本型金融取引(エクイティ)

[資本型金融取引において期待される2種類の収益]──┬─4インカム・ゲイン
　　　　　　　　　　　　　　　　　　　　　　　　└─4キャピタル・ゲイン

5信用リスク(債務不履行リスク)

6	金融商品の信用リスクを知る手がかりとして，民間の格付機関が発表する信用情報を何というか。	
7	信用リスクが高い相手に資金を貸し出すとき，貸出金利に付加される上乗せ分を何というか。	
8	資金の貸し手が行う，借り手に関する分析や監視活動を何というか。	
9	金融機関による資金調達が困難になる危険性を何というか。	
10	預金は，払い戻しの期日を定めず，いつでも引き出すことのできるものと，一定期間が経過しないと引き出すことができないものに分けられるが，そのそれぞれを何というか。	
11	金融機関が破綻したときに預金者を保護するため，金融機関が加入している預金保険機構が，預金者に一定額の保険金を支払う仕組みを何というか。	
12	保険は，人の生死を対象にする保険，財産の火災や事故に備える保険，医療や介護にかかわる保険に分けられるが，そのそれぞれを何というか。	
13	財産に関する権利を表し，市場での流通が予定されている金融商品を何というか。	
14	定期的な利息の支払いと満期時における額面金額の償還を約束する一種の借用証書を何というか。	
15	企業が発行する社債には，ただ単に一定の償還期間と利払いを約束するものと，株式に転換したり，新株を一定の価格で買えたりする権利を付したものがあるが，そのそれぞれを何というか。	
16	新株予約権付社債には，一定数の株式に転換する権利がついた社債と，新株を一定価格で購入する権利がついた社債があるが，そのそれぞれを何というか。	
17	企業の経営権そのものを表す有価証券を何というか。	
18	多数の投資家から少しずつ集めた資金を，運用の専門家が多種類の債券や株式に広く分散して投資する仕組みを何というか。	
19	金融機関や投資家が，外部から企業経営を監視することを何というか。	
20	企業が獲得した利益のうち，企業内部に保留された部分を何というか。	

答

6 信用格付

7 リスク・プレミアム

8 情報生産

9 流動性リスク

10 要求払預金と定期性預金

11 預金保険制度にもとづくペイオフ(預金保護)

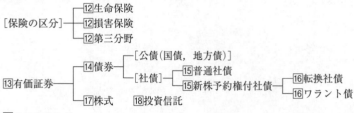

19 モニタリング

20 内部留保

21	金融は，証券会社などを通して赤字主体が発行した有価証券を黒字主体が選択し，それを売買する形態と，銀行などが黒字主体から資金を調達し，その資金を赤字主体に融通する形態に分けられるが，そのそれぞれを何というか。	
22	銀行などが顧客から信用されて資金を預かることを何というか。また，それとは反対に，銀行などが取引相手を信用して資金を貸し出したり，保証を与えたりすることを何というか。	
23	手持ちの資金を特定の業種や属性に偏ることなく，多くの企業や個人に貸し出すことで，一部の借り手による返済不能の影響を最小限に抑える手法を何というか。	
24	銀行などが受け入れた預金のなかから払い出しに備えて日本銀行に預け入れる当座預金を何というか。	
25	銀行などが預金と貸し出しを連鎖的に繰り返すことで預金通貨が増えていく仕組みを何というか。	
26	経常赤字になると海外から資金を調達しなければならないが，その必要性から，国内の証券などに海外の資金が投下される現象を何というか。	
27	経済発展のためには，黒字主体から赤字主体へと資金を円滑に循環させる必要があるが，その目的で，両者を引き合わせるために整備されてきた場を何というか。	
28	金融市場には，企業が日常的な営業に必要な運転資本など，1年以内に必要な資金が融通される市場と，家計の長期ローンや企業の設備投資資金など，1年以上にわたって必要な資金が融通される市場があるが，そのそれぞれを何というか。	
29	有価証券を効率的に発行する場を何というか。また，その市場は，そこで売買されるものにより2つに分類されるが，その種類は何か。	
30	右側(貸方)に資金の調達源泉を，左側(借方)に資金の運用先を示し，企業による資金の調達・運用状況をまとめた一覧表を何というか。	
31	負債は，1年以内に返済しなければならないものと満期まで1年を超えるものに分けられるが，そのそれぞれを何というか。	
32	株式の発行などで充足される資金を何というか。	
33	例えば，原材料や商品の仕入れに始まり，生産・販売，そして代金の受け取りまでというサイクル，すなわち，営業活動への資金の投入から回収にいたる短期のサイクルを何というか。	

答 2 貯蓄と投資の動向
- 21 直接金融と間接金融
- 22 受信，与信
- 23 リスクの分散
- 24 準備預金
- 25 信用創造(預金創造)
- 26 国外資本の流入

3 金融市場と資本市場の役割

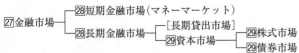

27 金融市場 ── 28 短期金融市場(マネーマーケット)
── 28 長期金融市場 ── [長期貸出市場]
── 29 資本市場 ── 29 株式市場
── 29 債券市場

- 30 貸借対照表(バランスシート)
- 31 流動負債と固定負債
- 32 純資産
- 33 営業循環過程(ビジネス・サイクル)

34	営業循環過程の各段階でそれぞれ行うべき現金の受け払いを，一定期間後に行うことを何というか。	
35	不足する短期資金を手形割引や手形借入といった形で手当てする資金調達を何というか。また，それに応じる業務を主に担っている銀行を何というか。	
36	企業や家計が特定の銀行との間で，金利・期間・担保といった契約条件を個別に定めて行う取引を何というか。	
37	金融機関の間で生じる一時的な資金の過不足を調整する市場を何というか。	
38	インターバンク市場のうち，翌日から1週間以内といったごく短い期間の資金融通を対象とする市場を何というか。また，そこで決まる金利を何というか。	
39	無担保コール翌日物とも呼ばれ，コール市場において取引される無担保で翌日には返済する超短期の資金のやり取りを何というか。	
40	インターバンク市場のうち，金融機関が所有する手形を売買して比較的長めの資金を融通する市場を何というか。	
41	短期金融市場で，日本銀行が市中銀行などを相手に債券や手形の取引を行い，資金の需給を調整することを何というか。また，それは，日銀が市中から債券を買い入れて資金を供給し，市中の資金量を増やすものと，反対に，日銀が市中へ債券を売り出して資金を吸収し，市中の資金量を減らすものがあるが，そのそれぞれを何というか。	
42	金融機関をはじめ，一般企業や政府部門など多様な主体が参加する短期金融市場を何というか。	
43	資本市場には，証券会社が発行企業と投資家の間に立ち，株数・口数や売出金額といった条件の調整にあたる市場と，いったん売り出された株式や債券が転売される市場があるが，そのそれぞれを何というか。	
44	参加者を広く募って行われる入札を何というか。	
45	保険会社など，法人として巨額の資金を投資にあてる大口の投資家を何というか。	
46	証券取引所が開設する市場で，特定銘柄を取引の対象に加えることを何というか。	
47	証券取引所に初めて株式を上場することを何というか。	

答

34 取引信用
35 商業ファイナンス，産業銀行
36 相対取引

[短期金融市場]——37 インターバンク市場——┬ 38 コール市場，コールレート
　　　　　　　　　　　　　　　　　　　　│　　39 オーバーナイト物
　　　　　　　　　　　　　　　　　　　　└ 40 手形市場

41 公開市場操作——┬ 41 資金供給オペ
　　　　　　　　　└ 41 資金吸収オペ

42 オープン市場

[資本市場]——┬ 43 発行市場
　　　　　　　└ 43 流通市場

44 公募入札
45 機関投資家
46 上場
47 公開（IPO）

48	設備投資の拡充などを目的として，市場で新株を発行し，資金を調達することを何というか。	
49	株式の公開にあたって，まず，仮条件を投資家に示し，需要状況に基づいて価格を決めるやり方を何というか。	
50	ある企業が，資本市場において特定企業の株式をより多く取得し，その経営権を手中に収めることを何というか。	
51	時価よりも有利な価格を提示して目標とする株式の売却を募ることを何というか。また，買収したい相手企業の同意を得ずに株式を買い集めることを何というか。	
52	現金・預金，株式や債券をはじめとする有価証券をたくさん保有している企業を何と呼ぶか。	
53	情報不足の投資家が悲観的になることで，良質な取引が市場から排除されてしまう現象を何というか。	
54	わが国の金融市場と資本市場の秩序を守り，金融取引の質的な向上を図るうえで重要な役割を担う行政機関は何か。	
55	業界のなかで最も力の弱い企業に合わせて規制条件を定め，すべての既存企業が存続していけるよう配慮しながら行われる，かつての金融行政の方式を何というか。	
56	わが国において，1990年代後半から2000年代前半にかけて，国際的な競争力のある金融市場の整備を目指して行われた，金融システムの改革を何というか。	
57	危機がドミノ倒しのように金融市場で連鎖する現象を何というか。	
58	典型的なシステミック・リスクで，銀行への不信感から預金者が一斉に預金の払い戻しを要求する現象を何というか。	
59	海外に営業拠点を持つ銀行の自己資本比率に関する国際的な統一基準を何というか。	
60	銀行などが破綻した場合に特別に行われる，日本銀行による緊急の貸し出しを何というか。	
61	政府が，破綻した銀行などの株式や債券を引き受けて，その自己資本を増強することを何というか。	
62	市場参加者の行為規範，金融商品取扱業者への規制，投資家に対する情報開示などについて定めた法律は何か。	
63	金融商品取引法に基づいて企業の概況や経理の状況などを明示する書類には，有価証券の募集や売り出しの際に提出するものと，事業年度ごとに提出するものがあるが，そのそれぞれを何というか。	

答
48 増資
49 ブックビルディング方式
50 合併・買収（M&A）
51 公開買付（TOB），敵対的買収
52 キャッシュ・リッチ

4　金融市場と資本市場の課題
53 逆選択
54 金融庁
55 護送船団方式
56 金融ビッグバン
57 システミック・リスク──58 銀行取付
59 自己資本比率規制（BIS規制）
60 日銀特融
61 公的資本注入
62 金融商品取引法
63 有価証券届出書と有価証券報告書

64	企業が規制によらず，自主的にさまざまな情報を公開し，投資家との関係をよくしていこうとする活動を何というか。	
65	企業に関する重要な事実を知りうる立場の者が，事実の公開に先立って株式などの取引を行うことを何というか。	
66	企業などが保有する資産を裏づけにして有価証券を発行し，資金を調達することを何というか。	
67	小泉内閣時代の2001年，構造改革のための一つの方針として，家計の資産選択に向けて打ち出されたスローガンはどのようなものであったか。	
68	ロンドンに本拠をおく国際会計基準審議会（IASB）が設定する，国際的な会計の基準を何というか。	
69	会社の設立・組織・運営・管理について定め，企業の組織構造の基本を規定した法律は何か。	

Ⅳ　企業経営

1	財務・雇用慣行・意思決定の側面で独自性を持ち，かつて経済を成長・発展に導いたわが国固有の企業経営システムを何というか。	
2	企業にとっては安定的な資金源となる株式の発行や利益の内部留保などを何というか。また，これに対して，社債の発行や銀行からの借り入れなどを何というか。	
3	総資本に対する自己資本の割合〔＝自己資本÷総資本×100（％）〕で，企業としての経営の安全性を示す指標の一つを何というか。	
4	連携を目的として，企業どうしが互いに密接な関係を持つものを何というか。	
5	正規に採用した労働者は，希望があれば定年まで雇用する，わが国固有の労働慣行を何というか。	
6	勤続年数が長くなるにつれ，次第に重要な仕事に就き，賃金も上がっていく，わが国固有の制度を何というか。	
7	各企業が，全従業員を職種の違いに関係なく企業別に組織化する，わが国固有の労働組合制度を何というか。	
8	権限に基づき上司が物事を決め，部下にその実行を命じる意思決定の方式を何というか。また，これに対して，部下が物事を十分に検討して提案し，それを上司が承認する意思決定の方式を何というか。	

答
　64IR（インベスター・リレーションズ）
　65インサイダー取引
　66証券化
　67「貯蓄から投資へ」
　68国際財務報告基準（IFRS）
　69会社法

　Ⅳ　企業経営

　1　企業経営の特色
　　1日本的経営
　　2自己資本，他人資本
　　3自己資本比率
　　4企業集団
　　〔従来の日本企業における雇用面での3つの特徴〕──┬5終身雇用
　　〔意思決定の2つの方式〕　　　　　　　　　　　　　├6年功賃金
　　　　　　　├8トップダウンの意思決定　　　　　　　└7企業別組合
　　　　　　　└8ボトムアップの意思決定

9	会議などにより，関係する人々の意見を尊重して行われる意思決定を何というか。	
10	新規事業などについて下位者が計画を立案し，関係部署に起案書を回して，関係者全員の了承を得たうえで上位者の決裁により決定するシステムを何というか。	
11	取締役会の役割を会社全体の経営方針の決定と監督という機能に限定し，個々の業務執行は当該分野の別の者が担う制度を何というか。なお，法的規定に基づかないこの制度において，各分野の業務執行を分担する責任者は取締役会によって選任されるが，この責任者を何というか。	
12	経営の監督機能と業務執行機能を分離して3つの委員会をおき，その委員会が経営業務の責任者を任命・監督する法的制度を何というか。また，この責任者は，会社や第三者に対して一定の責任を負いながら経営を執行するが，この役職を何というか。	
13	社会的に有用な事業を有料で展開しつつも，利益を目的としない企業を何というか。	
14	生産物に過剰(売れ残り)も不足もなく，資源や資本が社会全体に無駄なく配分されることを何というか。	
15	世界で通用する基準を何というか。	
16	同じ業種の複数の企業が，独占的な利益を得ることを目的として，合併などにより事実上の企業として一体化することを何というか。	
17	注文から決済まで通信ネットワークを利用して行われる売買取引を何というか。	
18	企業が，社会の目的や価値に照らして望ましい政策を立て，それを実行に移すことを何というか。	
19	企業も社会の構成員であり，市民としての義務を負うべきだとする考え方を何というか。	
20	企業が原材料や部品などを調達する際，従来のものから，環境負荷が小さくエネルギー効率のよい環境配慮型のものへと切り替えていくことを何というか。	
21	環境に配慮した商品を選択したり，環境管理を徹底している企業を支持したりしようとする，消費者の考え方や意識を何というか。	
22	企業が環境対策にかけた投資や費用とそれにともなう効果を金額で表し，事業活動における環境保全コストの費用対効果を明らかにすることを何というか。また，その実施によって生み出された情報をまとめた報告書を何というか。	

答

9 集団的意思決定

10 稟議制度

11 執行役員制度，執行役員

12 委員会設置会社制度，執行役

13 ソーシャル・ビジネス

2 企業経営と外部環境

14 資源の最適配分

15 グローバル・スタンダード(国際標準)

16 トラスト

17 電子商取引

3 企業の社会的責任

18 企業の社会的責任(CSR)

19 コーポレートシチズンシップ(企業市民としての自覚と役割)

20 グリーン調達——21 グリーンコンシューマリズム

22 環境会計，環境報告書

23	企業経営者が自己規律を失うこと，または企業経営者による倫理の欠如を何というか。	
24	企業が法律などの規則を誠実に守ることを何というか。	
25	全役員・従業員の業務活動が企業理念の実現に向けて方向づけられ，しかも，経営者の独走・暴走や組織ぐるみの違法行為を利害関係者がチェックし，阻止できる体制を何というか。	
26	企業をとりまく得意先や出資者，従業員，地域住民などを総称して何というか。	
27	企業が事業目的を達成するために組織の内部でルールや基準を整備し，それを運用する仕組みを何というか。	
28	経営の透明度を高めるため，企業が利害関係者に対して必要な情報を積極的に公開することを何というか。	
29	企業経営の内容などについて，利害関係者に，合理的に説明を行う責任を何というか。	
30	実際に取引を行うことはできず，情報収集や情報提供を主な業務とする海外拠点を何というか。	
31	海外の生産拠点で生産した製品を本国に輸入することを何というか。	
32	海外で販売や生産などの事業を継続的に行う目的でなされる投資を何というか。	
33	鉄鉱石や石油などを求めて，1960年代半ばまで盛んに行われた海外直接投資の形態を何というか。また，その典型例として，開発途上国向けの国策的大規模プロジェクトであったアラスカ・パルプ，ブラジル・ミナス製鉄所，アラビア石油，北スマトラ石油をあげることができるが，これらは総称して何と呼ばれていたか。	
34	シャツ縫製やラジカセ製造のような労働集約型製造業において，1970年代前半，盛んに行われていた賃金の低いアジアへの生産拠点投資を何というか。また，それは，商社や現地資本と合弁企業を設立する形で行われていたが，このような投資の形態は何と称されていたか。	
35	アジアからわが国や欧米諸国に向けた輸出を増大させるため，1970年代前半に行われていた海外直接投資の形態を何というか。	
36	欧米諸国との間で生じた貿易不均衡をめぐる軋轢を避けるため，1970年代末から1980年代前半にかけて行われた海外直接投資の形態を何というか。	

答

23 モラルハザード
24 コンプライアンス(法令遵守)
25 コーポレートガバナンス(企業統治)
26 ステークホルダー(利害関係者)
27 内部統制
28 情報開示(ディスクロージャー)
29 説明責任(アカウンタビリティ)

4　企業の海外進出と経営
30 駐在員事務所
31 逆輸入

```
                    ┌33 資源開発型投資——33 四大投資
32 海外直接投資——┤34 労働力利用型投資——34 三人四脚型投資
                    │35 輸出志向型投資
                    └36 貿易摩擦回避型投資
```

37	日本側の出資比率が50％を超える外国法人を，その立場から何というか。	
38	企業内取引を行うことで発生する利益を何というか。	
39	補助金の交付や法人税の減免，電気・水道の優先的供給など，投資する企業を優遇する方策を何というか。	
40	経済発展のため，法的・行政的に特別な地位を与えられている地域を何というか。	
41	設置する国が，雇用増大や技術導入，外貨獲得を目的として，輸入関税や法人税などの税制を優遇する区域を何というか。	
42	複数の国にまたがって生産・販売活動を行い，かつそれらを一元的な指令のもとで統括している企業を何というか。	
43	営業・企画・マーケティング・経理などの事務系従業員を総称して何というか。	
44	自国企業と外国企業で共同設立した会社を何というか。	
45	海外に進出した企業が現地で使用する原材料や部品などを現地企業から調達する割合を何というか。	
46	自国と異なる文化を持つ社会において，価値観や慣習，宗教，言語などの違いを理解し，尊重しながら行われる経営管理活動を何というか。	
47	現地法人の管理職に現地の人材を登用することを何というか。また，技術革新をもたらすような基礎研究や，より消費者に密着した製品開発などを現地で行うことを何というか。	

Ⅴ　ビジネスの創造と地域産業の振興

1	成功の可能性は未知数だが，新規性や将来性が認められる事業を何というか。	
2	どこにも所属せず，独立した立場で起業した人を何というか。また，1人または複数の独立した起業家が中心となって起こしたベンチャー企業を何というか。	
3	既存企業の社員の立場で起業した人を何というか。また，既存企業の社員が社内起業家となって起こしたベンチャー企業を何というか。	

答
37 海外子会社
38 内部化利益
39 投資インセンティブ
40 経済特区
41 輸出加工区
42 多国籍企業
43 ホワイトカラー
44 合弁会社(合弁企業)
45 現地調達率
46 異文化マネジメント
47 人材の現地化，研究開発の現地化

Ⅴ　ビジネスの創造と地域産業の振興

1　起業の手続き
1 ベンチャービジネス
2 アントレプレナー，独立ベンチャー
3 イントラプレナー，企業ベンチャー

4	企業経営において何を目的に活動し，どのような会社にするのかを明確に定めたものを何というか。また，新しいビジネスに挑戦しようとする強い信念と意欲を特に何というか。	
5	企業と大学の間に立ち，大学などが所有する研究成果や優れた技術の産業界への移転を仲介する機関を何というか。	
6	創業期のビジネスを支援するための施設や設備(新規ビジネスの卵をかえす孵化施設)を何というか。また，その提供者を何というか。	
7	目的，商号(会社の名前)，本店の所在地，設立時に出資される財産の価額やその最低額などを定めた，会社の根本規則を何というか。	
8	自社の技術をベースにして，何か新しい製品やサービスをつくることはできないかと考える発想法を何というか。	
9	人々の欲求や課題に注目して，その充足や解決を図る製品やサービスを提供できないかと考える発想法を何というか。	
10	かかったコストに必要な利益を加えて算出する，一般的な価格設定の方法を何というか。	
11	原材料費や運賃など生産量に応じて発生する費用と，設備費や社員の給料など操業度とは無関係に一定額発生する費用を，それぞれ何というか。	
12	地域住民が主体となり，地域のさまざまな問題をビジネスの手法によって継続的に解決する事業を何というか。	
13	事業を通じて社会問題の改善を図るために起業する人を何というか。	
14	すでに作成された資料を用いて行う調査を何というか。また，これに対して，何もないところから新たに情報を収集する調査を何というか。	
15	数値化が困難な情報を集めようとする調査を何というか。また，これに対して，数値化された情報を収集して全体の状況をとらえようとする調査を何というか。	
16	実際に現地におもむき，調査対象に直接，インタビューや観察法などの調査を行う手法を何というか。	
17	販売価格の設定，販売経路の選択，販売促進の策定などからなる市場対応のための総合的な活動を何というか。	
18	マスメディアが企業の活動や商品などの情報を独自の判断で記事や報道として取り上げることを何というか。	
19	事業活動全体の基本的な事項やこれからの展望などについて整理したものを何というか。	

答

④経営理念，起業家精神(アントレプレナーシップ)　　⑤TLO(技術移転機関)
⑥インキュベーション，インキュベーター　　⑦定款

2　新たなビジネスの展開

［2種類の発想法］―― ⑧シーズ発想
　　　　　　　　　 ⑨ニーズ発想
⑩コストプラス法　　⑪変動費と固定費

3　地域ビジネス事情

⑫地域ビジネス(コミュニティビジネス)
⑬社会起業家(ソーシャルアントレプレナー)

　　　　　　　　　　⑭資料調査
［調査の種類］――　⑭実態調査　　　⑯フィールドワーク
　　　　　　　　　　⑮定性調査
　　　　　　　　　　⑮定量調査
⑰マーケティング活動
⑱パブリシティ
⑲ビジネスプラン(事業計画書)

第1回
商業経済検定模擬試験問題
〔ビジネス経済B〕

解答上の注意

1．この問題のページはp.20からp.37までです。

2．解答はすべて別紙解答用紙（p.103）に記入しなさい。

3．文字または数字で記入するもの以外はすべて記号で答えなさい。

4．計算用具などの持ち込みはできません。

5．制限時間は50分です。

① 次の文章を読み，問いに答えなさい。

大学卒業と同時に(a)大手自動車メーカーに入社した菅沢直行は，3年後の春，定年退職の時を迎える。子どもたちはすでに独立し，今は専業主婦の妻と二人だけの生活で，文字通り質素に暮らしている。特に，飲食費への支出は年間725,200円で，子どもたちが食べ盛りであった頃と比べるとかなり少なくなっている。また，これを含む消費支出（総支出）は年間3,626,000円で，子どもの教育費が不要になった分，老後の蓄えに回せるようになった。その結果，XX年の菅沢家の貯蓄性向は48.2％にまで上昇した。

なお，以下に示したのは，世帯主・菅沢直行の給与所得の源泉徴収票であるが，この資料と付記事項から，(b)菅沢家の可処分所得は7,000,000円と計算された。

XX年分　給与所得の源泉徴収票

支払を受ける者	住所又は居所	東京都世田谷区けやき台 5-12-8		氏名	（受給者番号）382651 （フリガナ）スガサワ ナオユキ （役職名）菅沢 直行

種別		支払金額	給与所得控除後の金額	所得控除の額の合計額	源泉徴収税額
給与・賞与		内 9 400 000 円	6 810 517 円	2 000 196 円	内 540 000 円

控除対象配偶者の有無等			配偶者特別控除の額	控除対象扶養親族の数（配偶者を除く。）			障害者の数（本人を除く。）		社会保険料等の金額	生命保険料の控除額	地震保険料の控除額	住宅借入金等特別控除の額
有	無	従有 従無	千 円	特定 人 従人	老人 内 人 従人	その他 人 従人	特別 内 人	その他 人	内 1,210 000 千 円	50 000 千 円	44 800 千 円	千 円
○												

（摘要）

配偶　ミズキ

配偶者の合計所得　円	介護医療保険料の金額　円
新生命保険料の金額　円	新個人年金保険料の金額　円
旧生命保険料の金額 108,420 円	旧個人年金保険料の金額　円
	旧長期損害保険料の金額　円

扶養親族16歳未満	未成年者	外国人	死亡退職	災害者	乙欄	本人が障害者		寡婦		寡夫	勤労学生	中途就・退職					受給者生年月日					
						特別	その他	一般	特別			就職	退職	年	月	日	明	大	昭	平	年	月	日
1人																		○		X	01	25

支払者	住所（居所）又は所在地	東京都中央区銀場3-12-2	
	氏名又は名称	飛鳥自動車株式会社	（電話）03-0000-0000

整理欄	①	②	315-1

〔付記事項〕

(1) XX年の菅沢家の収入は直行の給与だけである。

(2) XX年の菅沢家の住民税・固定資産税等の合計は650,000円であった。

(3) 菅沢家には住宅ローンなど月々支払わなければならない負債はない。

問1．下線部(a)のビジネスはどのような産業に分類されるか，次のなかから適切なものを一つ選びなさい。

ア．基本的には素材産業に分類されるが，近年では加工組立型産業の要素を帯びてきている。

イ．基本的には加工組立型産業に分類されるが，近年では知識集約型産業の要素を帯びてきている。

ウ．知識集約型産業に分類され，素材産業や加工組立型産業の要素はほとんど見られない。

問2．下線部(b)はどのようにして計算されたか，次のなかから適切なものを一つ選びなさい。
　　ア．所得から所得税を差し引いた。
　　イ．所得から所得税と住民税・固定資産税等を差し引いた。
　　ウ．所得から所得税，住民税・固定資産税等，および社会保険料等を差し引いた。

問3．この年，菅沢家のエンゲル係数は何％であったか，計算しなさい。

問4．この年，菅沢家の消費性向は何％であったか，計算しなさい。

問5．この年，菅沢家ではいくら貯金することができたか，計算しなさい。

2　次の文章を読み，問いに答えなさい。

　　レストラン武蔵野は学生街にある。そのため，昼の約3時間は学生客で満席になるが，その後しばらくは閑散となる。そして午後5時を過ぎたあたりから再び客が入り始め，7時前後には2度目のピークを迎える。この時間帯，すなわち夕方から夜にかけては，サラリーマンやOLが中心で，ワインやビールを所望する客も少なくない。彼らはゆっくりと食事をしながら，店の雰囲気を楽しんで帰る。また，季節的にみると，大学が休みになる春・夏・冬の一定期間は，ランチタイムの顧客の入りが極端に落ち込む。

　　こうした状況から，同店では，労働力の弾力化が不可欠であり，従業員の採用にはかなり気を遣っているという。そのあたりのことをオーナーシェフに聞いてみた。

　　「うちでは，(a)正規の従業員は，私とマネージャー，3人のコック，接客チーフの合計6人です。接客係を中心とする残りの従業員は，随時，人材派遣会社から来てもらっています。(b)昔は一般のパートタイマーやアルバイトを雇っていたのですが，なかなかうまくいかなくて困りました。そこで，人材派遣サービスの利用に切り替えたのですが，それによって，今では人手の過不足や接客係への苦情はまったくなくなりました」

問1．文中に記されている人材派遣サービスは下線部(a)に対してどのような関係にあるか，次のなかから適切なものを一つ選びなさい。
　　ア．代替関係　　イ．補完関係　　ウ．競合関係

問2．下線部(b)はどうしてか，レストラン武蔵野の営業状況と人材派遣サービスの特徴を検討して，次のなかから適切なものを一つ選びなさい。
　　ア．接客係のメンバーや人数を長期間にわたって固定できるようになったから。
　　イ．接客係の賃金や待遇を勤務実績に応じて適切に調整できるようになったから。
　　ウ．接客係の人数や技量を時間帯や期間によって適切に調整できるようになったから。

3 次の文章を読み，問いに答えなさい。

　イタリアの経済学者，マリオ・ドラギ(Mario Draghi)は，現在，ある組織の第3代総裁を務めている。彼は2015年1月22日，ドイツのフランクフルトで開かれた金融政策を決める理事会の後，記者会見し，原油価格が大幅に下落し，ユーロ圏がデフレに陥るリスクが高まっていることなどから，各国の国債など幅広い資産を買い入れる量的緩和の導入に踏み切る方針を決めたことを明らかにした。具体的には，各国の国債を含む幅広い資産を，今年3月から来年(2016年)9月までに600億ユーロ，日本円でおよそ8兆1,600億円買い入れるということだ。量的緩和は，すでに日本やアメリカなどが景気緩和の下支えを図るために実施してきた政策であるが，今回の場合は，その格付けが投機的水準にあるギリシャ国債の扱いに注目が集まる。

問. 文中に記述されている「ある組織」とはどこか，次のなかから適切なものを一つ選びなさい。
　ア．イタリア銀行(Banca d'Italia)
　イ．ドイツ連邦銀行(ブンデスバンク：Deutsche Bundesbank)
　ウ．欧州中央銀行(ECB：European Central Bank)
　エ．国際通貨基金(IMF：International Monetary Fund)

4 次の文章を読み，問いに答えなさい。

　右の〈表1〉は，財務省が発表した2015年の　A　統計である。これによると，日本が海外との間でやり取りしたモノやカネの収支を示す(a)「経常収支」の黒字額は，前年の約6.3倍だった。原油安にともなう燃料費の輸入額の減少や，訪日外国人の増加などで黒字額が膨らんだ。

　経常収支の黒字額は，東日本大震災があった2011年以降，火力発電に使う燃料の輸入増が響いて縮小が続いていたが，5年ぶりに拡大に転じ，その額は震災前の2010年(約19.4兆円)に近づいた。

　モノの輸出額から輸入額を差し引いた(b)「貿易収支」は，赤字であったが，その額は，過去最大だった昨年(約10兆4億円の赤字)から大幅に縮小し，経常黒字を押し上げた。内訳は，輸出額が円安などで前年比1.5％増の75兆1,773億円となった一方で，輸入額は10.3％減の75兆8,207億円である。

　外国人が国内で使った金額から日本人が海外で使った金額を差し引いた「旅行収支」は，訪日外国人による爆買いを背景に1兆1,217億円の黒字だった。これにより，　B　の赤字額は昨年の半分近くまで減少した。なお，旅行収支の黒字は1962年以来，53年ぶりのことである。

〈表1〉　　　　(億円)

経 常 収 支			①
	貿易・サービス収支		−22,062
		貿 易 収 支	②
		輸　　出	751,773
		輸　　入	758,207
	サービス収支		−15,628
	第一次所得収支		207,767
	第二次所得収支		−19,292
資本移転等収支			−2,713
金 融 収 支			211,374
	直 接 投 資		160,395
	③		160,154
	金融派生商品		21,460
	その他投資		−136,886
	外 貨 準 備		6,251
(誤 差 脱 漏)			47,674

　さらに，(c)「第一次所得収支」は，20兆7,767億円の黒字で，前年より14.7％増えて過去最大を更新した。また，(d)第二次所得収支は1兆9,292億円の赤字であり，(e)資本移転等収支は2,713億円の支払い超であった。

　ところで，　A　には，経済の発展段階にともなって，それぞれの時代で特徴が見られるが，それを一つの学説としてまとめたのが「　A　の発展段階説」である。それは，　A　の構造変化を六つの段階に分けて説明するもので，発展の各段階を順に示せば〈表2〉のようになる。ただし，これはあくまでも一つの学説に過ぎず，この通りの発展を遂げない国もある。また，この学説が提唱された当時と現在とは，経済環境が大きく異なっているため，注意が必要である。

〈表2〉

債務国	第1段階	貿易収支は赤字	外国からの借金に依存しているため，利払いが重くのしかかり，経常収支は赤字となる。それを補うために，さらに借金を重ねることになり，金融収支は赤字となる。
	第2段階	貿易収支は小幅な黒字	
	第3段階		産業の振興，工業化の進展につれて輸出が伸びていき，借金の利払いも減って，経常収支は黒字に転じる。同時に，外国への貸し出しなどの投資も行うことができるようになり，金融収支は黒字となる。
債権国	第4段階		外国との貿易摩擦が生じやすくなり，貿易収支は減少傾向を示すが，海外投資が実って対外純資産からの金利の受け取りが発生する。その結果，経常収支は大きな黒字となる。
	第5段階		近隣諸国の工業化が進むにつれて，輸出競争力を弱め，輸入を拡大するようになり，これまでに蓄積した対外純資産からの金利に頼る生活となる。
	第6段階		前段階の経緯をたどれば，経常収支は赤字になる。それを補うために外国からの借金を必要とするようになり，金融収支が赤字となる。

問1．文中の A に共通して入るものは何か，漢字4文字で答えなさい。

問2．文中の B に入るものは何か，〈表1〉のなかから適切なものを一つ選んで答えなさい。

問3．〈表1〉の①に入る下線部(a)の金額はいくらか，計算しなさい。なお，赤字になる場合には，数字の先頭にマイナスの符号を付けなさい。

問4．〈表1〉の②に入る下線部(b)の金額はいくらか，計算しなさい。なお，赤字になる場合には，数字の先頭にマイナスの符号を付けなさい。

問5．〈表1〉の③に入るものは何か，次のなかから正しいものを一つ選びなさい。
　ア．間接投資　　　イ．外貨投資　　　ウ．証券投資

問6．下線部(c)は何を示しているか，次のなかから適切なものを一つ選びなさい。
　ア．賃金・金利・配当金などの受け取りと支払いの差額を示している。
　イ．資本移転や特許権・著作権・商標権などの取引の差額を示している。
　ウ．国際機関への分担金・寄付・労働者の送金など，対価をともなわずに行われる一方的移転の差額を示している。

問7．下線部(d)の赤字の主な要因として，次の中から適切なものを一つ選びなさい。
　ア．日本国内で働く外国人労働者が出身国へ仕送りをしている金額が多いこと
　イ．日本国内の外国大使館に勤務している日本人職員が受け取る給与が多いこと
　ウ．日本国内の外資系企業に勤務している日本人が受け取る給与が多いこと

問8．下線部(e)の内容となり得るものとして，正しいものを一つ選びなさい。
　ア．民間企業が途上国での工場を建設した金額
　イ．日本政府が途上国での橋の建設を援助した金額
　ウ．日本政府が途上国での伝染病ワクチン接種費用を援助した金額

問9．経済の代表的な指標に国民総生産(GNP)と国内総生産(GDP)があるが，両者の関係を〈表1〉に掲載されているものを使って計算式に表すとどうなるか，次のなかから適切なものを一つ選びなさい。
　ア．国民総生産＝国内総生産＋第一次所得収支
　イ．国民総生産＝国内総生産＋第一次所得収支＋第二次所得収支
　ウ．国民総生産＝国内総生産＋第一次所得収支＋第二次所得収支＋資本移転等収支

問10．本文と〈表1〉の内容をここ数年の傾向のなかで検討すると，わが国は，〈表2〉のどの段階にあるといえるか，その数字を記入しなさい。

5 次の文章を読み，問いに答えなさい。

　右に示した切手は，1959年に東京で開催されたGATT（General Agreement on Tariffs and Trade）の総会を記念して発行されたものである。GATTは「　①　」および　②　に関する一般協定」と呼ばれる国際協定であり，1947年，スイスのジュネーブで調印され，その翌年に発効した。東京では，上記の総会のほか，1973年9月12日から14日までの3日間，閣僚会議が開催され，その席上，新たにGATTの枠内で包括的な多角的貿易交渉を開始するための宣言，すなわち東京宣言が採択された。こ

れに基づき，1973年から1979年にかけて東京ラウンドが行われたが，それはGATTの7回目の多角的貿易交渉であり，102の参加国が，GATTで初めて本格的に非関税措置（非関税障壁）の軽減に取り組んだ。

　なお，GATTは，その後のウルグアイラウンドでの合意により，マラケシュ協定に基づいて発展解消され，1995年1月1日，これに代わる新たな機関が発足した。

問1．文中の　①　と　②　にそれぞれ入る用語は何か，次のなかから適切な組み合わせを一つ選びなさい。

　ア．①輸出自主規制・②輸入数量制限　　イ．①輸出・②輸入　　ウ．①関税・②貿易

問2．下線部に記述されている「新たな機関」の一般的な略称は何か，次のなかから適切なものを一つ選びなさい。

　ア．WTO　　イ．WHO　　ウ．WIPO

問3．GATTやその後継の「新たな機関」の目的は何か，次のなかから適切なものを一つ選びなさい。

　ア．保護貿易の妥当性を審議し，加盟国による産業育成の適正化を図ること

　イ．自由貿易のルールを定めるとともに，加盟国間の貿易紛争を処理すること

　ウ．直接貿易の促進を図り，加盟国間で取り引きされる輸出入品の価格を引き下げること

6 次の文章を読み，問いに答えなさい。

ある商品の輸入が事前に予想できないほど急増し，国内産業に重大な損害を与えており，かつ国民経済上緊急の必要性が認められる場合，関連する国際協定や法律に基づき，政府の判断で，特例としてその商品の関税引き上げや輸入数量制限が行われることがある。実際に，わが国でも 2001年 4 月，中国が輸出するねぎ・生しいたけ・畳表に対して，この緊急措置が暫定的に発動され，当該 3 品目の関税が部分的に引き上げられた。実施期間は 4 月23日からの200日間であった。これに対して，中国は，同年 6 月，日本製の自動車・携帯端末・エアコンに対して一律100％の特別関税を課すという報復的対抗措置に出たが，それも12月には解除された。

問．下線部の「緊急措置」を何というか，次のなかから適切なものを一つ選びなさい。

　　ア．セーフガード（safeguard）

　　イ．セーフティネット（safety net）

　　ウ．セーフキーピング（safekeeping）

7 次の文章を読み，問いに答えなさい。

　　銀行などの金融機関が黒字主体から資金を調達し，その資金を赤字主体に融資する方法を間接金融という。ところで，金融取引にはさまざまなリスクがともなう。返済が借り手の将来時点の所得を裏づけとする以上，(a)経済環境が悪化した場合などには契約の内容がその通りに実行されないこともあり得る。しかし，間接金融では，投融資に付随するリスクを銀行などがすべて負担する。そのため，銀行などは，(b)預金という形で預かった資金を特定の業種や属性に偏ることなく，(c)多くの企業や個人に貸し出すことでリスクのバランスをとっており，一部の借り手が資金の返済を滞らせても，その影響は最小限に抑えられるよう配慮している。また，(d)リスクの高い相手に資金を貸し出す場合には，それに見合う上乗せを貸出金利に付加したり，担保や信用保証を求めたりしている。

　　それならば，私たちの預貯金は絶対に安全なのだろうか。銀行などのパンフレットやWebページには，定期預金について「安全・確実」などと書かれていることが多いが，実際のところはどうなのだろうか。

　　多くの銀行は株式会社であり，ときには倒産することもある。その場合，外貨預金などを除く預貯金は，預金保険制度に基づいて国から保証されることになっている。実際に，2010年(平成22年)9月10日，日本振興銀行が経営破綻した際に(e)この制度が初めて発動され，数千人がその適用の対象になったと見られる。

問1．下線部(a)に記述されているリスクを特に何というか，次のなかから適切なものを一つ選びなさい。
　　ア．価格変動リスク　　イ．金利変動リスク　　ウ．流動性リスク
　　エ．為替変動リスク　　オ．信用リスク（債務不履行リスク）

問2．銀行などによる下線部(b)と(c)の行為は，信用という観点から，それぞれ何と称されているか，次のなかから適切なものを一つ選びなさい。
　　ア．下線部(b)を信託行為，下線部(c)を信頼行為という。
　　イ．下線部(b)を信頼行為，下線部(c)を信託行為という。
　　ウ．下線部(b)を与信行為，下線部(c)を受信行為という。
　　エ．下線部(b)を受信行為，下線部(c)を与信行為という。

問3．下線部(d)に記述されている貸出金利の上乗せを何というか，次のなかから適切なものを一つ選びなさい。
　　ア．リスクコスト(risk cost)
　　イ．リスクヘッジ(risk hedge)
　　ウ．リスクプレミアム(risk premium)

問4．下線部(e)を何というか，第三段落の記述を検討してカタカナ4文字で答えなさい。

問5．問4に関連して，下線部(e)により，私たちの預貯金はどのように保護されるか，次のなかから適切なものを一つ選びなさい。
　　ア．1預金者あたり，元本とその利息の80％が保護される。
　　イ．1預金者あたり，元本1,000万円までとその利息が保護される。
　　ウ．1預金者あたり，元本の80％が保護されるが，利息はまったく保護されない。
　　エ．1預金者あたり，元本1,000万円までが保護されるが，利息はまったく保護されない。

8　次の文章を読み，問いに答えなさい。

　右のグラフを見ると，(a)日本の家計の金融資産は，現在2,000兆円を超えている。その半分以上を占めるのが現金または金融機関への預貯金であり，欧米と比較してこの割合は突出して高い。それに対して，株式や債券といった相対的にリスクの高い金融資産の割合は，著しく低い水準に抑えられている。一方，家計も負債を抱えている。しかし，金融資産の大きさから見ると，家計は大幅な資金余剰の状態にあり，なかでも預金を通じて経済全体に大量の資金を循環させている。(b)わが国政府としては，個人の金融資産を他国と比べて突出している預金から株式投資へシフトさせ，企業に直接資金を供給するようにして，さらなる経済成長を図りたいところである。

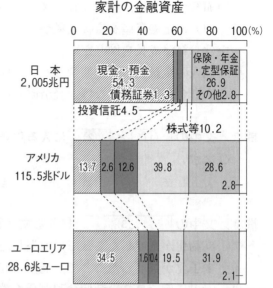

家計の金融資産

日本銀行「資金循環の日米欧比較」(2022年8月31日)から作成。データはいずれも2022年3月末現在。

　そこで，2001年，小泉内閣は構造改革のための方針の一つとして，「　①　から　②　へ」というスローガンを打ち出し，2003年1月には，5年間の時限措置として，上場株式などの配当や売却益にかかる税率を軽減する制度を導入したが，家計の資産選択に大きな変化は見られなかった。さらにそれを引き継ぐ形で，安倍内閣は2014年1月から少額投資非課税制度を開始し，それを受けて証券会社や大手銀行は大々的に広告キャンペーンを張って専用の非課税口座の開設を訴求しているが，庶民の反応は今一つといった状況である。

　ところで，大幅な資金余剰にあるとはいえ，家計の可処分所得に占める貯蓄の割合は，2000年ごろから急速に低下している（下のグラフ参照）。その原因としては，景気の悪化にともなって所得そのものが減少したことや，　③　などが考えられる。しかし，(c)2014年から2020年にかけては貯蓄率に改善の兆しが見られた。そこには，所得が増えない状況下で増税に苦しみつつ，懸命に消費を抑制して支出を切り詰める家計の姿がうかがえる。

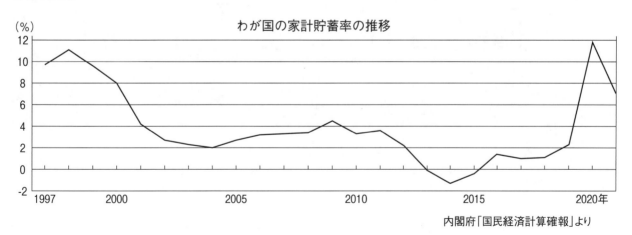

わが国の家計貯蓄率の推移

内閣府「国民経済計算確報」より

問1．下線部(a)の理由として，次のなかから最も適切なものを一つ選びなさい。
　ア．わが国の家計には，大きな収益を見込める金融商品を好む傾向があるから。
　イ．わが国の家計には，円建ての金融商品よりも外貨建ての預金を好む傾向があるから。
　ウ．わが国の家計には，元本を損なうリスクがある金融商品を避ける傾向があるから。

問2．下線部(b)の説明として，次のなかから最も適切なものを一つ選びなさい。

ア．個人の金融資産を間接金融から直接金融へとシフトさせることで，企業の資金調達のコストの節約につなげ，経済成長を図りたい。

イ．個人の金融資産を直接金融から間接金融へとシフトさせることで，銀行の資金量の増加につなげ，経済成長を図りたい。

ウ．個人の金融資産を短期金融から長期金融へとシフトさせることで，長期的に安定して利用できる資金の増加につなげ，経済成長を図りたい。

問3．文中の ① と ② に入る用語の組み合わせとして，次のなかから正しいものを一つ選びなさい。

ア．① 貯蓄　② 消費　　イ．① 貯蓄　② 投資　　ウ．① 投資　② 貯蓄

問4．文中の ③ に入る文として，次のなかから最も適切なものを一つ選びなさい。

ア．高齢化が進展したことで，引退した世代による貯蓄の取り崩しが増えたこと

イ．少子化が進展したことで，老後に向けて貯蓄する必要性を感じる人が減ったこと

ウ．過去に例を見ない超低金利が長く続いたため，多くの人々が貯蓄意欲を失ったこと

問5．下線部(c)の背景として，次のなかから最も適切なものを一つ選びなさい。

ア．景気の大幅な拡大が続き，金利上昇への期待が高まっているから。

イ．公的年金を始めとした社会保障制度の不備などが明らかになり，将来への不安が高まっているから。

ウ．物価の大幅な上昇にも関わらず賃金の上昇が起きず，消費支出が増加したから。

9　次の文章を読み，問いに答えなさい。

　『ジャパン・アズ・ナンバーワン：アメリカへの教訓』(Japan as Number One：Lessons for America)は，アメリカの社会学者エズラ・ヴォーゲル(Ezra Feivel Vogel)による1979年の著書である。彼は，同書のなかで，戦後の日本における高度経済成長の要因を分析し，日本的経営を高く評価した。この書名は，現在でも日本経済の黄金期(1980年代の安定成長期：ハイテク景気からバブル景気の時代)を象徴的に表す言葉としてしばしば用いられている。

　彼のいう日本的経営には，雇用面で次の3つの特徴がある。まず，日本では，毎年4月の新規学卒者の定期採用を基本とし，正規に採用した労働者は，定年まで雇用する　①　を慣行としてきた。これによって従業員の企業への忠誠心を養い，技能伝承を確実なものとし，高度成長を支えてきた。次に，賃金である。日本企業では，(a)仕事における顕在的能力だけでなく，従業員の生活や集団としての長期的・潜在的な要請を反映し，学歴・職種・勤続年数・年齢・能力・家族構成などを総合的に配慮して賃金を決めてきた。その結果，昇給に個人差はあるが，勤続年数が長くなれば，多くの人は次第に重要な仕事に就き，賃金も上がった。最後に，労働組合の特殊性である。日本の労働組合は，欧米とは異なり，　②　が一般的であった。そのため，協調的な労使関係を築きやすく，それが日本企業の成長を可能にしてきた。

　同書の刊行から40年ほどが経過した。この間，人々の意識は変化し，働き方は多様化した。また，新しい技術の進展や厳しい国際競争のもとで，企業内経験とは関係しない能力の重要性も高まっている。さらに，近年の長期にわたる景気の低迷は，ぬるま湯のような労使関係を許さない。そのため，ヴォーゲルが絶賛した(b)日本的経営はもはや崩れつつあり，わが国でも新しい経営システムの構築が進められている。

問1．文中の　①　に入る用語は何か，漢字2文字を補って正しい用語を完成させなさい。

問2．文中の　②　に入る用語は何か，次のなかから適切なものを一つ選びなさい。
　　ア．職業別組合　　　イ．産業別組合　　　ウ．企業別組合

問3．下線部(a)に記述されている賃金制度を何というか，漢字2文字を補って正しい用語を完成させなさい。

問4．下線部(b)の結果，実際にどのようなことになってきたか，次のなかから最も適切なものを一つ選びなさい。
　　ア．中途採用が増加し，年俸制が導入されて，賞与(ボーナス)や退職金といった制度がなくなりつつある。
　　イ．非正規雇用が拡大し，成果主義が導入されて，人員整理(リストラ)が頻繁に行われるようになってきた。
　　ウ．転職者が増加し，脱時間給制度(高度プロフェッショナル制度)が導入されて，残業代の支払対象が減ってきた。

10 次の文章を読み，問いに答えなさい。

わが国の企業では，取締役に内部昇進者が多く，意思決定に他社の企業経営の経験や広い外部社会の視点が反映されにくく，チェック機能が弱くなるという短所がある。また，取締役人事部長や取締役生産管理部長など，本来，経営全般にあたるべき経営者が，部門管理の長を兼ねていることが多く，取締役会での意思決定が，企業全体の意思決定としては形骸化しがちであるといわれる。これを改善するため，　①　を導入する企業が見られる。この制度は，取締役会の役割を，グループ全体の経営方針の決定と管理という機能に限定し，財務・経理・事業・研究所など個々の分野の業務執行は，当該分野の責任者である執行役員が担うというものである。ただし，この制度は法的規定に基づくものではない。

そこで，これを一歩進めて，会社法は　②　を規定している。これは，経営の監督機能と業務の執行機能を分離して，　③　を過半数以上含む3つの委員会(指名委員会・監査委員会・報酬委員会)をおき，その委員会が，業務を執行する執行役を任命・監督するという制度である。そして，取締役は原則として業務執行はできないとされ，会社を代表する者は代表執行役となる。したがって，業務の意思決定は大幅に執行役にゆだねられるが，取締役が執行役を兼ねることもできる。この制度の導入により，株主の利益が厳正に監督できるものと期待されている。

問1．文中の　①　・　②　にそれぞれ入る制度は何か，次のなかから適切な組み合わせを一つ選びなさい。

ア．①執行役員制度・②執行役制度　　　　イ．①執行役員制度・②委員会設置会社制度

ウ．①会社機能分離制度・②執行役制度　　エ．①会社機能分離制度・②委員会設置会社制度

問2．文中の　③　に入るものは何か，文中に記されている漢字5文字を組み合わせて正しい用語を完成させなさい。

問3．下線部は，日本でも米国流にアルファベットの大文字3つで略称されることが少なくないが，それはどのようなものか，次のなかから適切なものを一つ選びなさい。

ア．CAO(chief administrative officer)

イ．CEO(chief executive officer)

ウ．COO(chief operating officer)

11 次の文章を読み，問いに答えなさい。

就職する生徒にとって，会社選びは切実な問題である。しかし，右に示した新聞記事を読むと，それがいかに難しいか，よくわかる。君たちはとにかく，担任や進路指導の先生方の話をよく聞いて，間違えのない選択をして欲しい。

そして，せっかく入社した会社が，残念ながら「ブラック企業」であった場合には，いち早く退社する勇気を持つことが必要である。さもないと身体を壊し，元も子もない結果になりかねない。

取り締まり結果83％違法労働

厚生労働省は27日，若者を使い捨てにする「ブラック企業」対策や過労防止のために，昨年11月に行った集中取り締まりの結果を公表した。重点監督した4561事業所のうち，83.6％にあたる3811事業所で，賃金不払いや違法な長時間労働などの違法行為が見つかった。各労働基準監督署が是正勧告し，従わない場合は書類送検する方針。法令違反の内訳は，労使協定を結ばずに残業させるなどの「違法な時間外労働」が2304事業所，「残業代不払い」955事業所など。

問．下線部はどのような問題としてとらえられるか，新聞記事の内容から考えて，カタカナ8文字の用語を補いなさい。

12 次の文章を読み，問いに答えなさい。

　吉兆は，大阪市に本拠がある日本料理の高級料亭であり，同じ屋号で店舗を運営する４社と関連法人をまとめて吉兆グループと称していた。以下の記述は，そのなかの一社「船場吉兆（せんばきっちょう）」（大阪市）が起こした不祥事に関するものである。

〔消費期限・賞味期限切れの菓子・惣菜の販売〕
　2007年10月28日，「船場吉兆」が運営する「吉兆天神フードパーク」で，売れ残った５種類の菓子のラベルを毎日張り直し消費期限や賞味期限の表示を偽装していたことが明らかとなった。また，翌月１日，同店で販売していた惣菜のうち，消費期限・賞味期限切れの食材を他店に流していたことが発覚。同社も12商品の惣菜で期限切れ販売をしていたと認めた。

〔地鶏・みそ漬けの産地偽装〕
　2007年11月９日，本店でも，佐賀県産の和牛を「但馬牛（たじまぎゅう）」，ブロイラーを「地鶏」などと，表示を偽装していたことが判明し，こうした偽装は合計で10商品に上った。船場吉兆側は「業者が地鶏と偽ってブロイラーを納入した。産地偽装の件は現場の仕入担当者が独断で行った」と説明しているが，前者に関して業者は「地鶏として船場吉兆に販売したことはない」，後者に関して店員や業者は「値段や品質も違うのは明らかであり，船場吉兆役員も承知していた」とそれぞれ証言しており，両者の言い分は真っ向から対立した。船場吉兆の幹部らは商品表示の一部に虚偽があったことは認めたが，「会社ぐるみではない」「幹部は知らなかった」などと組織的な関与を否定してきた。だが，偽装商品が多岐に渡ることなどから社員らの単独行為とは考えにくく，大阪府警は不正が長期間継続・放置されてきた疑いが強いと見ている。

〔客の食べ残しの再提供〕
　４店舗全店で客が残した料理をいったん回収し，別の客に提供していた。「天ぷら」は揚げ直して出すこともあり，「鮎の塩焼き」は焼き直し，「鮎のおどり揚げ」は二度揚げしていた。刺し身は盛り直して，洗った刺し身のツマを造り場（調理場）に持参していた。これらは料亭経営を取り仕切っていた当時の前社長の指示によるもので，2007年11月の営業休止前まで常態化していたとされる。

〔事後説明〕
　当初，船場吉兆側は一連の偽装を「パートの女性らの独断によるもの」としていたが，2007年11月14日，売場責任者だったパートの女性ら４人が記者会見し，「店長（＝取締役）から１か月期限を延ばして売るように直接指示を受けて賞味期限のラベルを張り替えていた」と語り，一連の経緯及び経営陣の関与を明らかにした。一方，店長（＝取締役）はこれらの証言内容を否定。さらに同月16日の府警による家宅捜索・強制捜査でもパート女性従業員の証言や仕入業者の証言を改めて全面否定した。しかし，農林水産省の調べによって判明した事実から，船場吉兆側の主張に矛盾が生じるに至り，12月10日女将ら取締役が会見を開いて経営陣の関与を認めた。会見の際，女将が長男に返答内容を小声で指示し，長男がそれをオウムのように繰り返すさまがマイクですべて拾われ放送されてしまった。

〔廃業〕
　その後，同社は大阪地方裁判所に民事再生法適用を申請し，一度は再建の道を歩むかに見えたが，来店客が激減して資金繰り（きゅう）に窮し，グループ内外の支援を受けることもできなかったことから，2008年５月28日，廃業届を提出し，民事再生手続の廃止を申し立てた。そして，同年６月23日，破産手続の開始が決定した。

船場吉兆の経営で最も問題なのは(a)倫理の欠如である。同社の経営陣には倫理観や道徳的節度がまったくなく，「バレなければ何をやってもよい」という考え方のもと，節度を失った非道徳的な利益追求を長い間行ってきた。また，不祥事の発覚後も，彼らは言い訳にもならない虚言に終始し，(b)利害関係者が納得するような合理的な説明も，潔い謝罪もしていない。要するに，(c)船場吉兆という会社は経営者一族のためにのみ存在し，その利益が最大化されるように企業統治され，従業員や取引先，消費者など，他の(d)利害関係者のことはまったく顧みられなかったのである。(e)もしも，同社において内部統制が適正に行われていたならば，経営者一族の専横は阻止され，船場吉兆の長い歴史と暖簾は護られていたことだろう。

問1． 下線部(a)は英語で表記されることが多いが，それはどのようなものか，次のなかから適切なものを一つ選びなさい。

　ア．モラルハザード(moral hazard)

　イ．コンプライアンス(compliance)

　ウ．ディスクロージャー(disclosure)

問2． 下線部(b)に記述されている状態は，マスコミやその報道に触れる者からどのように批判されるか，次のなかから適切なものを一つ選びなさい。

　ア．ガバナビリティ(governability)を果たしていない。

　イ．アカウンタビリティ(accountability)を果たしていない。

　ウ．プロフィッタビリティ(profitability)を果たしていない。

問3． 下線部(c)について，船場吉兆の経営のどこに問題があったか，次のなかから適切なものを一つ選びなさい。

　ア．コーポレートガバナンス(corporate governance)に問題があった。

　イ．コーポレートシチズンシップ(corporate citizenship)に問題があった。

　ウ．コーポレートレスポンシビリティ(corporate responsibility)に問題があった。

問4． 下線部(d)は一般的にどのような存在か，次のなかから適切なものを一つ選びなさい。

　ア．ストックホルダー(stockholder)と称され，本文に記述されている経営者・従業員・取引先・消費者のほか，株主やメインバンクなど，その企業と直接的な利害関係にある存在をいう。

　イ．ストックホルダー(stockholder)と称され，その企業と直接的な利害関係にある存在だけでなく，税務当局や地方自治体，業界の同業者，地域住民など，間接的な利害を有する者も含む。

　ウ．ステークホルダー(stakeholder)と称され，本文に記述されている経営者・従業員・取引先・消費者のほか，株主やメインバンクなど，その企業と直接的な利害関係にある存在をいう。

　エ．ステークホルダー(stakeholder)と称され，その企業と直接的な利害関係にある存在だけでなく，税務当局や地方自治体，業界の同業者，地域住民など，間接的な利害を有する者も含む。

問5． 下線部(e)を具体的に言い換えるとどうなるか，次のなかから適切なものを一つ選びなさい。

　ア．例えば，同社の経営者が，給与や福利厚生など従業員への待遇をもっと良くし，彼らの愛社精神を高めて労使結束の固い経営を行っていたならば，

　イ．例えば，同社の経営者が従業員に対して，信賞必罰の姿勢を強く持ち，社内情報が外部に漏れないよう管理の行き届いた経営を行っていたならば，

　ウ．例えば，同社に消費者志向の考え方を持つ経営者がいて，しっかりとした社内ルールや基準を整備し，それらに基づいて経営を行っていたならば，

13 次の文章を読み，問いに答えなさい。

　企業や団体などの組織が行動する場合，まず，その活動・製品・サービスがもたらす環境への影響を十分に認識すべきである。そのうえで環境負荷を軽減する活動を継続して実施するための仕組みを構築し，環境への負荷削減活動を向上させていく必要がある。とはいえ，どのような仕組みを作ればよいのか，一般の企業にはなかなかわからない。そこで，1996年9月，□□□□14001が制定され，その仕組みが満たすべき必要事項が定められた。

　これは国際認定規格であり，法的な強制力は持たないが，外部の審査登録機関が第三者として組織を審査し，その仕組みがこの規格に適合している場合には，公（おおやけ）に証明され，登録証書が発行される。それを取得した企業は，その事実を自己宣言し，社会に伝えることができる。時に街を歩いていて，「□□□□14001認証取得　○×建設工業株式会社」と書かれたシートに覆（おお）われている建築現場に出くわすことがあるが，これは「○×建設工業㈱は環境に優（おお）しい会社であることが，世界的に認められています」という意味である。ただし，その有効期間は概ね3年間であり，登録を更新するためには，その企業は環境保全に対するたゆまぬ努力を続けていかなければならない。

問1．文中の□□□□に共通して入るのは，スイスにある国際的な民間団体である国際標準化機構の一般的な略称であるが，それはどのようなものか，アルファベットの大文字3つで答えなさい。

問2．文中に記されている「仕組み」を何というか，次のなかから適切なものを一つ選びなさい。
　ア．環境リサイクルシステム
　イ．環境エコロジカルシステム
　ウ．環境マネジメントシステム

14 次の文章を読み，問いに答えなさい。

　外資系の投資・コンサルタント会社であるＨ社は，４年ほど前，東京の渋谷に進出し，活動を開始した。まず，新築高層ビルの複数階を借り上げ，起業を目指す人たちや起業直後の人たちに割安の賃料でオフィスを提供した。そして，それらの人々に，経営，マーケティング，会計，税務，法律などのコンサルティングや技術支援など，さまざまなビジネス支援サービスを総合的に提供している。

　現在，同社フロアにはさまざまな人々が出入りしているが，その人たちは，概ね，①ここに入居している起業家およびその関係者，②(a)有望なベンチャービジネスを探している投資会社の担当者や個人投資家，③製品や技術，アイディア，もしくは自分自身を売り込もうとする人，の３種類に分けることができる。同社は，これらの人々をコーディネートする業務も行っているが，同時に，有望なビジネスにはみずから投資することもある。

　さらに，Ｈ社は，将来に向けて大学との連携を模索しており，渋谷という好立地を生かして，ＭとＮ，２つの大学の分校（講義サイト）を誘致した。そこでは，主に社会人を対象とした産業教育と大学院の授業が行われているが，Ｈ社の本来のねらいは，大学で開発された新技術や新素材と企業のニーズをコーディネートする場を作ることにある。実際に，Ｍ大学では，来年度，そのような機関を法律にもとづいて開設する予定である。(b)この機関では，Ｍ大で開発された新技術から特許を取得し，ベンチャー企業をはじめとする民間事業者とライセンス契約を結んで，その収入を大学や研究者に還元するという。そのような機関が同所にできれば，Ｈ社の活動はさらに幅が広がり，活性化していくだろう。

問１．下線部(a)に記されている投資会社と個人投資家は，それぞれ何と呼ばれているか，次のなかから適切な組み合わせを一つ選びなさい。

　ア．ベンチャーキャピタル（venture capital）とエンジェル（angel）

　イ．アントレプレナー（entrepreneur）とイントラプレナー（intorepreneur）

　ウ．ビジネスフロンティア（business frontier）とアウトソーサー（outsourcer）

問２．下線部(b)に記されている機関は何と呼ばれているか，和名または英略称で答えなさい。

問３．本文に記されている活動から，Ｈ社はどのような企業であるといえるか，次のなかから正しいものを一つ選びなさい。

　ア．ベンチャービジネスの起業支援をする企業であり，ビジネスインキュベーター（business incubator）と呼ばれている。

　イ．国の委託を受けてベンチャービジネスを育成する企業であり，ビジネスマザーズ（business mothers）と呼ばれている。

　ウ．ベンチャービジネスへの指導・助言を専門とする企業であり，ビジネスシンクタンク（business think tank）と呼ばれている。

第2回
商業経済検定模擬試験問題
〔ビジネス経済B〕

解答上の注意

1．この問題のページはp.40からp.54までです。

2．解答はすべて別紙解答用紙(p.105)に記入し
  なさい。

3．文字または数字で記入するもの以外はすべて
  記号で答えなさい。

4．計算用具などの持ち込みはできません。

5．制限時間は50分です。

1　次の文章を読み，問いに答えなさい。

　　近年では，産業構造の変化にともない，女性の社会進出が急速に進んでいる。それには1986年4月に施行された＿＿＿＿が果たしている役割が大きい。以下はその実情を伝える新聞報道である。

――――――――「妊娠で降格」最高裁判断へ―上告審が結審　原告敗訴見直しか――――――――

　　妊娠後の異動先で管理職を解かれたのは＿＿＿＿違反だとして，広島市の女性が勤務先の病院側に管理職手当など約170万円の損害賠償を求めた訴訟の上告審弁論が18日，最高裁第一小法廷（桜井龍子裁判長）であった。原告側は「妊娠や出産でハンデを負うのは均等法の趣旨に真っ向から反する」と主張。病院側は「異動先に新たな管理職を置く必要がなかった」と反論して結審した。判決は10月23日。

　　妊娠・出産を理由とした職場での不利益な扱いはマタニティハラスメント（マタハラ）と呼ばれ，均等法は，こうした扱いを禁じている。弁論が開かれたことで，原告敗訴の一，二審判決は見直される公算が大きい。最高裁は，どのようなケースが違法なマタハラに該当するかについて初の判断を示す見通し。

問１．文中の＿＿＿＿に入る法律は何か，漢字6文字を補って通称を完成させなさい。

問２．下線部に該当する具体的な現象としてどのようなことが起きているか，次のなかから適切なものを一つ選びなさい。
　ア．経済のサービス化・ソフト化
　イ．経済の国際化・グローバル化
　ウ．経済のIT化・ネットワーク化

2 次の文章を読み，問いに答えなさい。

家電品の業界で勝ち抜いていくためには，たえず新製品を発売し，人々の注目を自社ブランドに集めておく必要がある。そのためには迅速な製品開発が重要なのであるが，だからといって，できあがった試作品をすぐに商品化するわけにはいかない。なぜならば，拙速な市場導入はあまりにもリスクが大きいからである。というわけで，試作品の商品化に向けて，一般的には市場調査が行われる。しかし，この市場調査という活動は，利益を直接生むものではないのに，きわめて専門的でコストのかかる業務なのである。

以下の会話は，家電メーカーS社の戦略会議におけるものである。

総務担当常務「経営環境の厳しい現在，コストの削減を徹底して，より効率的な経営を目指す必要がある。ついては，私が所管する社屋・工場等の清掃・管理・警備をはじめ，庶務・福利厚生，さらには経理と市場調査の業務を，すべて外部の業者に委託したいと考える。業者の選定と引継ぎ計画の立案は総務部で行うとして，これに伴う組織変更は経営本部で，配置転換と人員整理は人事部で，それぞれ早急に計画をまとめてほしい」

開発担当常務「勝手に話を進めないでほしい。清掃・管理・警備・庶務・福利厚生については賛成だが，経理と市場調査については疑問が残る。まあ，仮に百歩譲って経理の外部委託までは認めるとしても，市場調査については，〔　　　　　　　　〕心配があるので，簡単に認めるわけにはいかない」

問1．文中の〔　　　　　〕に入る主張は何か，次のなかから適切なものを一つ選びなさい。
　ア．調査結果の信頼性が低下する
　イ．従来よりも調査コストが増加する
　ウ．新製品に関する情報が外部に漏洩する

問2．総務担当常務が主張している経営手法を何というか，正しい用語で答えなさい。

問3．問2に関連して，この手法の採用実態は現在，どのようになっているか，次になかから適切なものを一つ選びなさい。
　ア．大企業よりも，中小企業の方が採用割合が高い。
　イ．中小企業よりも，大企業の方が採用割合が高い。
　ウ．大企業と中小企業の間で，採用割合に大きな差は見られない。

問4．問2に関連して，この手法に対応する対事業サービスは，さらにどのようなサービスに分類されるか，次のなかから最も適切なものを一つ選びなさい。
　ア．代行関連サービス　　イ．人材派遣関連サービス　　ウ．情報関連サービス

3 次の文章を読み、問いに答えなさい。

国際貿易が行われる理由について、理論的に考えてみることにしよう。

例えば、M国とN国において、両国ともコメと自動車だけを生産し、両財の労働生産性がそれぞれ右表のように示されているとしよう。また、両国間では労働者の移動も資本の移動もないと仮定する。

この場合、自給自足のもとで生産(消費)が可能な両財組み合わせは、M国ではコメが A トン、自動車が1.5台であり、N国ではコメが1.75トン、自動車が2.33台である。ところが、両国がともに自国内で B 優位を持つ商品の生産に特化し、それを交換すれば、どちらの国もコメを A トン、自動車を2.33台取得し、消費することができるようになる。つまり、M国とN国が貿易を行うことで、両国民は自国の生産量を超える消費が可能となり、実質所得の増加に結びつくようになるのである。(a)これを B 優位の原理といい、その代表的な理論は、19世紀の初めにイギリスの古典派経済学の経済学者が唱えた B 生産費説である。

以上のように、この理論に基づけば、(b)各国が自国内において B 優位を持つ商品の生産に特化し、それを他国と交換、すなわち貿易することで、それぞれより多くの商品を消費できるようになり、それによって各国の国民が豊かになると理解することができる。

	コメ1トンの生産に必要とされる労働量	自動車1台の生産に必要とされる労働量
M国	10人	20人
N国	40人	30人

問1．文中の A に共通して入る数字はいくつか、計算しなさい。

問2．文中の B に共通して入る語は何か、次のなかから適切なものを一つ選びなさい。
　　ア．絶対　　イ．相対　　ウ．比較

問3．下線部(a)に記述されているイギリスの経済学者は誰か、次のなかから適切なものを一つ選びなさい。
　　ア．デヴィッド・リカード(David Ricardo)
　　イ．トマス・ロバート・マルサス(Thomas Robert Malthus)
　　ウ．ジョン・メイナード・ケインズ(John Maynard Keynes)

問4．下線部(b)を何というか、漢字4文字で答えなさい。

4 次の文章を読み，問いに答えなさい。

　国際資本移動とは国際的な資金の移動をいい，それには公的な資本移動と民間の資本移動がある。
前者の代表的なものには，政府機関が開発途上国の経済開発や福祉向上のために行う(a)政府開発
援助がある。2015年2月10日，政府は今後の政府開発援助に関して，日本の国益の確保を重視する
姿勢を打ち出した新たな「開発協力大綱」を閣議決定した。その狙いは，戦略を明確に持ち，開発
援助を効果的に活用するところにある。同大綱で新たに可能にしたのは，決して低所得とはいえな
い国への支援である。その背景には，途上国を中心に積極的な投資や援助を展開する　①　の動
きへの警戒がある。

　後者にはさまざまなものがあるが，それらは次の4つに分類することができる。

　1．自国の居住者(個人や法人)が外国企業の　②　を取得する目的で行う直接投資

　2．さまざまな種類の証券を対象にした資産運用である証券投資

　3．従来の金融商品(外貨や株式，債券など)から派生した(b)金融派生商品への投資

　4．輸出入業者による貿易信用や金融機関による貸し付け・借り入れなど，その他の投資

　民間の資本移動では，(c)資金は金利の低いところから高いところへ移動するのが原則であり，自
由な国際資本の移動は，国際的に望ましい資金配分をもたらす役割があると考えられてきた。

問1．文中の　①　に入る国はどこか，次のなかから適切なものを一つ選びなさい。

　ア．韓国　　イ．中国　　ウ．ロシア

問2．文中の　②　に入るものは何か，次のなかから適切なものを一つ選びなさい。

　ア．経営権　　イ．商標権　　ウ．特許権

問3．下線部(a)は略称で呼ばれることが多いが，それは何か，アルファベットの大文字3つで答え
　　なさい。

問4．問3に関連して，2015年以前の十数年間，下線部(a)へのわが国の予算額はどのような傾向に
　　あったか，次のなかから適切なものを一つ選びなさい。

　ア．一貫して増加してきた。　　イ．ほとんど変わらなかった。　　ウ．一貫して減少してきた。

問5．下線部(b)にはよく用いられる別称があるが，それは何か，次のなかから適切なものを一つ選
　　びなさい。

　ア．レバレッジ(leverage)

　イ．デリバティブ(derivative)

　ウ．FX(margin Foreign eXchange trading)

問6．下線部(c)に記述されている原則に，例外が生じるのはどのような場合か，次のなかから最も
　　適切なものを一つ選びなさい。

　ア．金利は高いが，投資国と投資先国との間の関係があまり良くない場合

　イ．金利は高いが，その国へ投資するには多額のコストが必要になる場合

　ウ．現在の金利は高いが，将来的にはその国の通貨価値が下落すると予想される場合

次の文章を読み，問いに答えなさい。

A社（本社・東京）は輸出業者，B社（本社・ニューヨーク）は輸入業者である。以下は，両社の間で原価も売価もまったく変わらない同一の商品について，2度行われた国際取引の決済の流れである。

① A社とB社の間で売買契約が成立し，商品が船積みされた。

② A社は，米ドル為替手形を発行し，それをX銀行（A社の取引銀行）に持ち込んで，取り立てを依頼した。なお，その為替手形の支払人はB社，受取人はX銀行である。

③ X銀行は，A社から受け取った為替手形とその他必要な書類をY銀行へ送付し，支払呈示を依頼した。なお，Y銀行は，X銀行のコルレス先であり，本店はニューヨークにある。

④ Y銀行は，それを受け取って，B社に為替手形の支払呈示を行った。

⑤ B社は，その為替手形と引き換えに，Y銀行に代金をドルで支払った。

⑥ Y銀行は，X銀行に対して取立通知をするとともに，代金の貸借記帳を行った

⑦ X銀行は，ドルで受け取った取立代金を円に換えてA社の口座に入金した。

なお，2回の取引の詳細は次表の通りであった。

	取引金額	入　金　日	入金日の為替相場
1回目の取引	30万ドル	20XX年2月3日	1ドル＝118円69銭
2回目の取引	40万ドル	20XX年9月5日	1ドル＝117円23銭

問1． 文中に記述されている外国為替の決済方法は何と呼ばれているか，次のなかから適切なものを一つ選びなさい。

　ア．順為替　　イ．逆為替　　ウ．並為替

問2． A社とB社の間で行われた2回の取引について，A社の側からするとどのようなことがいえるか，次のなかから適切なものを一つ選びなさい。

　ア．2回目の取引は，1回目の取引と比べて売上高が小さいが，円安・ドル高の影響を受けて利益率は上がった。

　イ．2回目の取引は，1回目の取引と比べて売上高が小さいが，円高・ドル安の影響を受けて利益率は上がった。

　ウ．2回目の取引は，1回目の取引と比べて売上高は大きいが，円安・ドル高の影響を受けて利益率が下がった。

　エ．2回目の取引は，1回目の取引と比べて売上高は大きいが，円高・ドル安の影響を受けて利益率が下がった。

6 次の文章を読み，問いに答えなさい。

ここに100万円の投資資金があるとする。それをいかなるものに投資しようとも，投資家は一定のリスクを負わなければならない。それならばできるだけリスクを低減させたいと考える。どうしたらよいのだろうか。

まずは(a)投資対象を多様化すべきである。例えば個人・取引先・株式・債券・貴金属・商品・外貨・不動産・各種債権など，いずれにも少しずつ投資・融資し，かつその相手や銘柄，種類などもできるだけ豊富にすべきである。さらに，それらを購入する時期(投資する時期)もずらす必要がある。そうすれば，一部の資産(投資対象)の価値が下落しても，その損失を他の資産の価値上昇で埋め合わせることができる。なぜならば，元来，金融資産というものは，すべてが不振，またはすべてが好成績になるということは少ないので，上手に組み合わせて保有すれば一定のリターンを期待することができるといわれている。

しかし，こうした工夫を100万円程度の少額な資金で行うには限界がある。そこで考え出されたのが投資信託である。これは，少額の資金を多様な金融資産に投資するためのしくみである。つまり，金融機関が多数の投資家から集めた比較的少額の資金をとりまとめて，それを運用の専門家が一定の方針に基づき，多種類の金融資産に広く投資するものである。(b)投資家には，事前に投資運用の方針と狙い(目論見)，投資対象とそれに関する情報などが法律に基づいて適切に開示されることになっている。また，各投資家の持ち分が明示され，その証拠として有価証券が発行される。ただし，近年では，それを電子化する方向にある。

こうした投資信託に類似した金融商品に貸付信託や金銭信託がある。その主な違いは，投資対象の種類にある。(c)通常の投資信託の対象は，国内外の株式と債券であるが，なかには不動産への投資に特化したものもある。具体的にはマンションやオフィスビル，営業倉庫，物流センター，ホテル，ショッピングセンターなどを投資対象にしていたりする。また，金銭信託のなかには，住宅ローンや住宅リフォームローン，自動車ローン，ショッピングローン，教育ローンなど，多種多様な金銭債権を投資対象にしているものがある。いずれにせよ，(d)さまざまなものを取り混ぜた債権のかたまりを小分けにし，有価証券という形で一般の投資家に販売しているのが信託商品なのである。

なお，(e)投資信託は市中の金融機関で販売され，それを購入した投資家は，収益があがれば分配金を受け取ることができ，換金しようと思えば，その時々の市場価格で売却することができる。ただし，通常の預貯金とは異なり，預金保険の対象外なので，元本は保証されていない。

問1．下線部(a)を中心にして，第一段落と第二段落で説明されている事柄は何か，次のなかから最も適切なものを一つ選びなさい。

ア．リスクの低減　　イ．リスクの分散　　ウ．リスクの解消

問2．下線部(b)には金融業者に課された投資家への法的義務が述べられているが，それは何か，次のなかから適切なものを一つ選びなさい。

ア．ディスクロージャー(disclosure)

イ．フェアトレード(fair trade)

ウ．オープネス(openness)

問3．問2に関連して，下線部(b)に記述されている「法律」は何か，次のなかから適切なものを一つ選びなさい。

ア．出資取締法　　　　イ．紙幣類似証券取締法

ウ．金融サービス提供法　　エ．金融商品取引法

問4．下線部(c)に記述されている不動産投資信託は，一般にアルファベットで表記・呼称されることが多いが，それはどのような略称か，次のなかから適切なものを一つ選びなさい。

ア．REIT(real estate investment trust)

イ．ETF(exchange-traded fund)

ウ．CD(certificate of deposit)

問5．下線部(d)に記述されているような金融の手法(資金調達の手法)を何というか，また，それにはどのような問題点があるか，次のなかから適切なものを一つ選びなさい。

ア．このような手法をバーチャライズ(virtualize)というが，多数の債権を小口に分けて売却するため，個々の債権のリスクに関する理解があいまいになる傾向がある。

イ．このような手法をバーチャライズ(virtualize)というが，投資家が資金運用の専門家を頼りすぎるあまり，自らはほとんど情報を精査せず，損失発生の際に責任を転嫁する傾向が強くなる。

ウ．このような手法を証券化というが，多数の債権を小口に分けて売却するため，個々の債権のリスクに関する理解があいまいになる傾向がある。

エ．このような手法を証券化というが，投資家が資金運用の専門家を頼りすぎるあまり，自らはほとんど情報を精査せず，損失発生の際に責任を転嫁する傾向が強くなる。

問6．投資信託の取引はどのような金融に位置づけられているか，第三段落と下線部(e)を検討して，次のなかから最も適切なものを一つ選びなさい。

ア．市場型直接金融　　イ．市場型中間金融　　ウ．市場型間接金融

7　次の文章を読み，問いに答えなさい。

　企業活動に必要な資金は，運転資金と設備資金に大別される。

　前者は，商品や原材料の仕入費用のほか，手形や借入金の支払い，家賃や光熱費などの経費，従業員の賃金など，企業が日々の活動を行うのに必要な資金のことである。その特徴は，(a)商品や原材料の仕入れ，生産・販売から代金の受け取りまで，すなわち営業活動への資金の投入からその回収に至るまでに，時間的なずれが生じやすいということである。したがって，(b)企業は，その間不足する短期資金を手形割引や手形借入といった形で手当てする必要がある。こうした企業による短期の資金繰りは，わが国では主に要求払預金という短期資金を受け入れる普通銀行によって支えられてきた。

　後者は，企業が社屋や工場，店舗，倉庫，機械，設備，車両，備品などを購入するときに必要な資金のことである。その特徴は，運転資金と異なり，頻繁に必要になるものではないが，金額が大きいということである。また，減価償却の制度を通してそれを回収するのに長い年数を要する。

　このようなことから，(c)企業の財務担当者は，この2種類の資金を峻別し，それぞれの調達源泉を十分に検討する必要がある。なお，(d)企業は，右側に資金の調達源泉を，左側にその運用先をそれぞれ示し，資金の調達・運用状況が一覧できる表を定期的にまとめて，利害関係者に開示している。

問1．下線部(a)に記述されている短期の循環過程を何というか，次のなかから適切なものを一つ選びなさい。

　ア．トレードサイクル（trade cycle）

　イ．ビジネスサイクル（business cycle）

　ウ．エコノミックサイクル（economic cycle）

問2．下線部(b)に記述されている短期金融は何と呼ばれているか，また，英米では，それを担う銀行が独自の発展を見せたが，その種の銀行を何というか，次のなかから最も適切なものを一つ選びなさい。

　ア．下線部(b)に記述されている短期金融は産業ファイナンスと呼ばれ，英米ではそれを担う銀行を投資銀行（investment bank）という。

　イ．下線部(b)に記述されている短期金融は商業ファイナンスと呼ばれ，英米ではそれを担う銀行を投資銀行（investment bank）という。

　ウ．下線部(b)に記述されている短期金融は商業ファイナンスと呼ばれ，英米ではそれを担う銀行を産業銀行（industrial bank）という。

問3．下線部(c)についてはどのような方向で検討すべきか，次のなかから適切なものを一つ選びなさい。

　ア．運転資金は流動負債で賄い，設備資金は純資産または固定負債で賄うべきである。

　イ．運転資金は流動負債または固定負債で賄い，設備資金は純資産で賄うべきである。

　ウ．運転資金は純資産または固定負債で賄い，設備資金は流動負債で賄うべきである。

問4．下線部(d)に記述されている「資金の調達・運用状況が一覧できる表」を何というか，次のなかから適切なものを一つ選びなさい。

　ア．貸借対照表（B/S：balance sheet）

　イ．損益計算書（P/L：profit and loss statement）

　ウ．キャッシュフロー計算書（C/F：cash flow statement）

8 次の文章を読み，問いに答えなさい。

私たちが大切な財産を投資しようとする場合，投資先企業の財政状況を精査する必要がある。それには貸借対照表が役に立つ。具体的には，この表に記されている数値から(a)自己資本比率（＝自己資本÷総資本）を計算するのである。この比率は，その企業の財政状況がどのくらい自己資本によって構成されているか，ということを示しており，企業経営の健全度や安全性を見るための一つの基準となっている。一般的には，それが70％以上ならば理想企業，40％以上ならば倒産しにくい企業といわれている。

貸借対照表

実教物産株式会社　　　　　○年○月○日　（単位：万円）

資 産 の 部		負債及び純資産の部	
勘 定 科 目	金額	勘 定 科 目	金額
流 動 資 産	3,210	流 動 負 債	2,743
現 金 及 び 預 金	2,240	支 払 手 形・買 掛 金	1,420
受 取 手 形・売 掛 金	675	短 期 借 入 金	722
有 価 証 券	192	未 払 費 用	539
棚 卸 資 産	87	そ の 他	62
そ の 他	16	固 定 負 債	1,745
固 定 資 産	6,696	社 債	850
有 形 固 定 資 産	5,365	長 期 借 入 金	800
建 物・構 築 物	1,755	退 職 金 引 当 金	80
機 械 及 び 装 置	846	そ の 他	15
土 地	2,414	負 債 合 計	4,488
そ の 他	350	資 本 金	3,000
無 形 固 定 資 産	73	資 本 剰 余 金	1,200
投 資 そ の 他 の 資 産	1,258	利 益 剰 余 金	1,218
投 資 有 価 証 券	308	（うち当期純利益）	(1,072)
子会社株式及び出資金	950	純 資 産 合 計	5,418
資 産 合 計	9,906	負債及び純資産合計	9,906

自己資本は企業にとって安定的な資金源である。なぜならば，返済義務がなく，配当は業績に応じて弾力的に増減できるからである。これに対し，(b)他人資本は返済しなければならず，それができなければ企業は倒産する。また，金利の支払いも必要である。(c)日本企業の自己資本比率は，1998年以前には20％未満であったが，1999年には20％を超え，2005年には30％，2016年には40％にまで達している。その結果，(d)高度経済成長時にみられた資金調達面での日本的経営の特質は弱くなった。

問1．文中の貸借対照表から下線部(a)を求めるには，具体的にどのように計算すればよいか，次のなかから適切なものを一つ選びなさい。

ア．3,000万円÷9,906万円＝30.28％

イ．3,000万円÷5,418万円＝55.37％

ウ．5,418万円÷9,906万円＝54.69％

問2．下線部(a)を高めるためには，どのような施策が必要か，次のなかから適切なものを一つ選びなさい。

ア．税引き後純利益の蓄積である利益剰余金を増加させるか，または固定資産や売上債権，在庫をコントロールして資産を増やす。

イ．税引き後純利益の蓄積である利益剰余金を増加させるか，または固定資産や売上債権，在庫をコントロールして資産を減らす。

ウ．税引き後純利益の蓄積である利益剰余金を減少させるか，または固定資産や売上債権，在庫をコントロールして資産を増やす。

エ．税引き後純利益の蓄積である利益剰余金を減少させるか，または固定資産や売上債権，在庫をコントロールして資産を減らす。

問3．文中の貸借対照表において下線部(b)の金額はいくらか，次のなかから適切なものを一つ選びなさい。

　ア．1,745万円　　イ．2,743万円　　ウ．4,488万円

問4．下線部(c)から予想できる日本企業の資金調達の傾向について，次のなかから最も適切なものを一つ選びなさい。

　ア．株式の発行や，利益の内部留保を増加させている。

　イ．社債の発行や，銀行からの借入を増加させている。

　ウ．株主への配当を増やし，内部留保を減少させている。

問5．下線部(d)の説明として，次のなかから最も適切なものを一つ選びなさい。

　ア．日本の高度経済成長期は，資本市場で活発に取引が行われていたため，直接金融による資金調達で資金をまかなうことができた。

　イ．日本の高度経済成長期は，資本市場の発達が遅れていたため，資金調達は間接金融が中心であった。

　ウ．日本の高度経済成長期は，海外の投資家が日本企業の株価の上昇を期待したため，資金調達は海外からの資本の受け入れが中心であった。

9 次の文章を読み，問いに答えなさい。

　最近よく耳にする用語に ☐☐☐☐ というのがある。この用語が大好きな人も少なくないが，そういう人たちは，単純に「世界を真似しなきゃ」という感覚しか持ち合わせていないように思われる。☐☐☐☐ の本性は，要するに自国の価値観を外国に押し付けることである。すなわち，各国が価値観を押し付け合い，一番強い国の価値基準が ☐☐☐☐ ということになる。

　わが国には，同じ言葉を使う平均的に教育水準の高い人々が1億人も集まり，同じ文化や価値観，歴史観を共有している。そんな人々が国内に単独で市場を形成しているのである。つまり，独自性を持った，1億人規模の巨大な市場が存在するのである。だから，「ガラパゴス化」などと自ら卑下することなく，われわれは国内市場で日本独自の文化を次々に生み出していくべきである。その方が結果的に世界をリードすることになるはずだ。例えば，コンパクトな都市づくりを進め，各都市に地下鉄網やLRT網を整備して，その間を新幹線やリニアで結ぶ。そうして日本全体を便利な都市型国家に生まれ変わらせれば，世界がついてくる。つまり，ガソリン自動車に乗って走り回り，地球温暖化を加速させるアメリカスタイルの ☐☐☐☐ に代わり，日本式生活スタイルを真似しようとする国々が増えてくるのである。

問1．文中の ☐☐☐☐ に共通して入る用語は何か，次のなかから適切なものを一つ選びなさい。
　　ア．ワールドスタンダード（world standard）
　　イ．グローバルスタンダード（global standard）
　　ウ．ユニバーサルスタンダード（universal standard）
　　エ．インターナショナルスタンダード（international standard）

問2．下線部の具体的な現象にはどのようなものがあるか，次のなかから適切なものを一つ選びなさい。
　　ア．日本のゲーム・漫画・アニメなどのソフト領域や，J-POP・アイドルなどのポップカルチャー，さらには現代の食文化・ファッション・現代アート・建築などが，クールジャパン（cool japan）という名で国際的に評価されている現象。
　　イ．日本の武士道に由来する剣術や居合抜きといった武道や，漫才・漫談・講談などの話芸，さらには伝統的な日本料理・茶道・華道・日本舞踊などが，トラディショナルジャパン（traditional japan）という名で国際的に評価されている現象。
　　ウ．日本の健康保険・年金保険・介護保険などの福祉分野や，琴・三味線（しゃみせん）・太鼓などの和楽器，さらには性能の良い自動車・オートバイ・電気機器といった日本製品が，ワンダフルジャパン（wonderful japan）という名で国際的に評価されている現象。

⑩ 次の文章を読み，問いに答えなさい。

　生産物に過剰（売れ残り）も不足もなく，社会全体に無駄なく資源や資本が配分されることを資源の　　　　という。寡占がない，売り手と買い手の間に情報格差がない，政治・経済・宗教上の摩擦がないなどの条件のもとで，企業が自社の利益の最大化を，個人が自己の欲求の最大化をそれぞれ追求するならば，(a)規制を少なくし，グローバルな競争を促進することが資源の　　　　をもたらす。(b)このようなメカニズムを，自著『諸国民の富』（『国富論』）のなかで「（神の）見えざる手」(invisible hand)として最初に紹介したのは，「経済学の父」とも称されるイギリスの経済学者であった。

　しかし，上記の条件が脅かされ，かつ(c)市場の失敗もあり，さらに競争ルールのすきまを利用するような利益追求を許すと，資源の　　　　をゆがめることになる。近年は，そのような状態が人々の生活に脅威を与え，かつそれが由々しいレベルに至る例が目立つようになった。そのため，企業に社会性を求める声が大きくなってきている。

問１．文中の　　　　に共通して入る専門用語は何か，次のなかから適切なものを一つ選びなさい。
　　ア．均衡配分　　　イ．適正配分　　　ウ．最適配分

問２．下線部(a)を一般に何というか，本文の趣旨から考えて，次のなかから適切なものを一つ選びなさい。
　　ア．規制排除　　　イ．規制撤廃　　　ウ．規制緩和

問３．下線部(b)に記述されているイギリスの経済学者は誰か，次のなかから適切なものを一つ選びなさい。
　　ア．アダム・スミス(Adam Smith)
　　イ．アルフレッド・マーシャル(Alfred Marshall)
　　ウ．アーサー・セシル・ピグー(Arthur Cecil Pigou)

問４．下線部(c)は具体的にどのような分野で見られ，資本主義国家ではそれをどのように補っているか，次のなかから適切なものを一つ選びなさい。
　　ア．例えば公共財の供給において見られ，政府が市場に介入することで補っている。
　　イ．例えば資金の供給において見られ，中央銀行が市場に介入することで補っている。
　　ウ．例えばエネルギーの供給において見られ，業界団体が市場に介入することで補っている。

11 次の文章を読み，問いに答えなさい。

　企業活動において，ICTの活用が大変重要になっている。すなわち，インターネットなどを利用した電子商取引が盛んに行われており，もはやそれを無視した経営は考えられない。

　電子商取引には，(a)企業対企業の取引と(b)企業対消費者の取引がある。そして，前者により，零細企業も海外から商品を仕入れたり，逆に海外へ自社製品を売り込んだりすることが容易になった。また，後者により，地方に住む人々が都市でしか購入できない商品を手に入れたり，逆に都市に住む人々が地方の珍しい物産を購入したりすることが容易になった。

　加えて，(c)消費者対消費者の電子商取引も拡大している。例えば，(d)品物を売りたい個人が，インターネット上で，それを買いたい人々を募り，最も高い値段をつけた人に売るというシステムがある。そして，それを行う専用のサイトを開設し，運営している企業は，サービスの提供を通じて参加費などの収入を得ているのである。

問1．下線部(a)・(b)・(c)は，電子商取引において略されることが多いが，それはどのようなものか，次のなかから適切な組み合わせを一つ選びなさい。

ア．(a)：「B by B取引」　(b)：「C by B取引」　(c)：「C by C取引」

イ．(a)：「C by C取引」　(b)：「B by C取引」　(c)：「B by B取引」

ウ．(a)：「B to B取引」　(b)：「B to C取引」　(c)：「C to C取引」

エ．(a)：「C to C取引」　(b)：「C to B取引」　(c)：「B to B取引」

問2．下線部(d)を何というか，カタカナで略さずに答えなさい。

12 次の文章を読み，問いに答えなさい。

　浦佐酒造株式会社と能代酒造株式会社は，これまで(a)輸出商社を通して海外へ純米酒や吟醸酒を販売してきた。ところが，どちらも代替わりし，2人の若い経営者は輸出商社の活用をやめた。そして，(b)「本当にうまい酒を造り，国内外を問わず，それを味のわかる人にだけ限定販売したい」と考える(c)浦佐酒造は，海外からインターネット経由で注文を取り，商品を販売することにした。一方，(d)「酒という伝統的な日本文化を幅広く世界に広めたい」と考える(e)能代酒造は，手始めにフランス・マルセイユに本社を置くF食品販売会社に出資して，これを海外子会社（販売子会社）とし，そこが持つ販路を使ってフランスで商品を販売することにした。(f)能代酒造の今回の出資比率は必要最小限の額であるが，将来的にはF社を100％出資の完全子会社とし，同社を起点としてヨーロッパ全土に進出するつもりである。

問1．下線部(a)・(c)・(e)を輸出の形態別に分類するとどうなるか，次のなかから適切なものを一つ選びなさい。
　ア．(a)は間接輸出，(c)と(e)は直接輸出に分類される。
　イ．(a)と(c)は間接輸出，(e)は直接輸出に分類される。
　ウ．(a)と(e)は間接輸出，(c)は直接輸出に分類される。

問2．下線部(b)と(d)に記述されているようなものを何というか，次のなかから最も適切なものを一つ選びなさい。
　ア．経営戦略　　イ．経営理念　　ウ．経営政策

問3．下線部(f)に記述されている「能代酒造の今回の出資比率」はどの程度か，次のなかから適切なものを一つ選びなさい。
　ア．11％　　イ．31％　　ウ．51％

13 次の文章を読み，問いに答えなさい。

大学3年の持田良晴のニックネームはモッティである。彼は友人4人とともにインターネット関連の会社を立ち上げることにし，会社法が最低限必要とする事項を以下のように定めた。

(1) 各種ソリューションプログラムの開発と販売，コンサルティング，およびそれらに関連する業務を行う。

(2) (a)会社の名前は「株式会社Mottys」とし，本店は東京都武蔵野市猿沢2-11-5-301に置く。

(3) 設立に際して現金300万円（60株）の出資を受けるが，発行可能株式の総数は200株とする。

(4) 発起人は持田良晴・堤みずき・仙崎俊輔・緑川総司・山田明日香の5人とし，その住所は次（省略）の通りである。

発起人の5人は，(b)上記に加え，さらに必要な事項を定め，それらを正式な書面にして公証人の認証を受けた。また，60株の株式はすべて発起人が引き受けることとし，現金での出資を受け入れた。そして，役員等の選任と必要な調査を済ませた後，(c)[　　　]を行った。

代表取締役社長に就任した持田は，「Mottysは，顧客に寄り添って問題解決を支援する」と述べ，その考え方のもと，社員に対して(d)「①顧客の話をじっくりと聞くこと，②あらゆる解決策を排除しないこと，③明瞭・明確な提案をすること，④最終的には顧客の判断を尊重すること」という4つの具体的な方向性を示した。

問1．下線部(a)は法律上何というか，次のなかから適切なものを一つ選びなさい。
ア．社名　　イ．商標　　ウ．商号

問2．文中の(1)〜(4)には6つの要素が含まれているが，このような記載事項はその性格から何と称されているか，次のなかから適切なものを一つ選びなさい。
ア．絶対的記載事項　　イ．相対的記載事項　　ウ．任意的記載事項

問3．下線部(b)に記述されている「正式な書面」は，どのような位置づけにあり，何と呼ばれているか，次のなかから適切なものを一つ選びなさい。
ア．会社の約束事項であり，約款と呼ばれている。
イ．会社の概要案内であり，条款と呼ばれている。
ウ．会社の根本規則であり，定款と呼ばれている。

問4．下線部(c)により，「株式会社Mottys」は法人として成立の運びとなるが，[　　　]に入る法的手続きは何か，漢字4文字で答えなさい。

問5．文中で行われた株式会社の設立方法を何というか，次のなかから適切なものを一つ選びなさい。
ア．簡易設立　　イ．発起設立　　ウ．募集設立

問6．下線部(d)を何というか，次のなかから適切なものを一つ選びなさい。
ア．経営原則　　イ．経営方針　　ウ．経営戦術

第3回
商業経済検定模擬試験問題
〔ビジネス経済B〕

解答上の注意

1．この問題のページはp.56からp.70までです。

2．解答はすべて別紙解答用紙(p.107)に記入し
　なさい。

3．文字または数字で記入するもの以外はすべて
　記号で答えなさい。

4．計算用具などの持ち込みはできません。

5．制限時間は50分です。

1 次の文章を読み，問いに答えなさい。

　働く子育て世代の女性が増えている。25〜44歳の女性のうち，(a)現在働いている人と求職中の人の合計が全体に占める割合，すなわち(b)労働力率は2014年７月末で74.2％となり，単月ベースでこれまでで最も高い水準になった。働いている人の割合を示す(c)就業率も71.0％と前年同月から0.2ポイント上昇した。

　しかし，日本の女性の労働力率は，年齢別に見ると25〜44歳が他の世代より低くなり，グラフで示すとアルファベットの「M」の形のカーブを描く（左下の図を参照）。□□□のため仕事を辞める女性が多いと見られ，労働力率が下がって「谷」の形状になるためである。これが欧州の主要国と比べて，日本の女性の社会進出が遅れる要因となっている（右下の図を参照）ことから，政府は2020年には「Mカーブ」が解消する水準まで女性の就業率を高める計画である。

　ただ，女性の多くは(d)非正規雇用での就業であり，７月末の雇用全体に占める非正規の割合は，男性の21.8％に対し，女性は55.7％を占める。女性の就労を促すためには，賃金や待遇での男女間の格差解消も課題になる。
　　　　　　　　　　　　　　　　　　　　　　　　　　　　（2014年９月15日読売新聞）

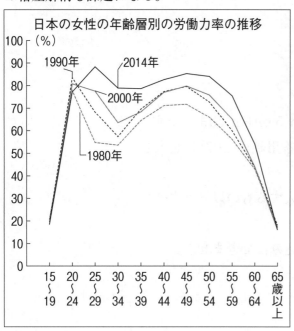

日本の女性の年齢層別の労働力率の推移

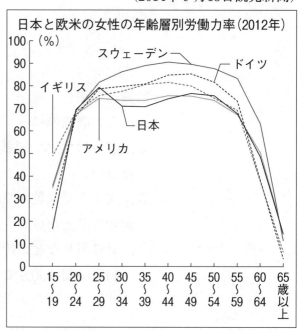

日本と欧米の女性の年齢層別労働力率（2012年）

問１．文中の□□□に入る退職の理由は何か，次のなかから最も適切なものを一つ選びなさい。
　　ア．結婚　　　イ．子育て　　　ウ．介護

問２．下線部(a)を何というか，正しい用語で答えなさい。

問３．「下線部(b)－下線部(c)」で求められる割合を何というか，次のなかから適切なものを一つ選びなさい。
　　ア．有効求人倍率　　　イ．労働参加率　　　ウ．完全失業率

問４．下線部(d)は具体的にどのような雇用形態か，次のなかから適切なものを一つ選びなさい。
　　ア．アルバイト・パートタイム労働者をはじめ，契約社員や派遣社員のことである。
　　イ．アルバイト・パートタイム労働者と契約社員のことであり，派遣社員は含まれない。
　　ウ．アルバイト・パートタイム労働者のことであり，契約社員や派遣社員は含まれない。

② 次の文章を読み，問いに答えなさい。

近年，サービス産業に変化が見られる。以下はその事例である。

〔事例Ⅰ〕大きなスポーツイベント

具体的にはプロ野球の日本シリーズやWBC（ワールドベースボールクラシック），サッカーのワールドカップ，さらにはテニスの四大大会（グランドスラム）などである。これらは本来，競技場に観客を集めて見せるものであるが，テレビ中継が一般化したため，私たちはその模様を自宅や職場で気軽に楽しめるようになった。さらに最近，それらの映像はインターネット経由でも配信されるようになり，人々はスマートフォンやパソコンを使えばどこでも観戦できるようになった。また，パブリックビューイングという観戦スタイルもある。これは試合が行われていない競技場や，熱狂的なファンやサポーターが集う飲食店などで試合の映像を流し，そこで大勢の人々が心を一つにして観戦・応援するというものである。

〔事例Ⅱ〕街中のゲームセンター

一時期，そこは青少年の非行の温床などといわれていた。ところが，最近では少子高齢化の進展もあって客層に大きな変化が見られる。すなわち，従来の主要な顧客であった中高生が減り，高齢者が増えているである。高齢者の多くは開店と同時にやってきて，夕方までの一日，ゲームに興じる。顔なじみとの会話も楽しみの一つとなっている。業者の側も，それに合わせて高齢者向けのゲーム機を増やしており，なかにはお茶を出したり，談話のできる休憩場所を設けたり，場内を少し明るくしたりする店もあるという。

問．文中に記述されているサービス産業の変化には，どのような新規性が見られるか，次のなかから適切なものを一つ選びなさい。

ア．〔事例Ⅰ〕には提供内容の新規性が，〔事例Ⅱ〕には提供方法の新規性が見られる。

イ．〔事例Ⅰ〕には提供方法の新規性が，〔事例Ⅱ〕には提供対象の新規性が見られる。

ウ．〔事例Ⅰ〕には提供対象の新規性が，〔事例Ⅱ〕には提供内容の新規性が見られる。

③ 次の文章を読み，問いに答えなさい。

　従来，地域間の貿易のルールづくりに関しては，多国間交渉の形が取られてきた。しかし，それを1つ1つこなすには多くの時間と労力が取られるため，多国間交渉を補う地域間の新しい国際ルールとして，自由貿易協定や経済連携協定が注目されている。

　このうち，(a)自由貿易協定は，2か国以上の国・地域が，関税や輸入割当など貿易制限的な措置を一定の期間内に撤廃・削減することを定めた協定であり，それによって締結国・地域の間で自由な貿易の実現を目指すものである。2国間協定が多いが，(b)南米諸国の間で締結された協定のように多国間のものもある。

　これに対して，(c)経済連携協定は，さらに投資，政府調達，知的財産権の保護，人の移動，ビジネス環境の整備，競争政策など広範囲な取り組みを含み，締結国・地域の間での親密な関係強化を目指す協定である。そのため，通商政策の基本ともいわれている。

　日本は東南アジアやインドとの経済の連携協定を進めてきたように，自由貿易協定だけでなく経済連携協定の締結を求めている。その理由は，関税撤廃だけでなく，投資やサービス面でも，幅広い効果が生まれることを期待していることによる。

　ところで，2012年以降から政府は，農協改革に積極的に取り組んできたが，それは(d)ある協定への参加を念頭に置いたものである。すなわち，この協定に参加すると，わが国はコメをはじめとした農産物の市場を開放しなければならない。そうなると加盟国から安い農産物が大量に流入してきて，農家は窮地に立たされる。そこで，その前に農協を改革し，自由化に堪えられる農家を育てようというのである。この協定は，2005年6月3日にシンガポール・ブルネイ・チリ・ニュージーランドの4か国間で調印し，2006年5月28日に発効した。その後，アメリカ・オーストラリア・マレーシア・ベトナム・ペルーが加盟交渉国として原加盟国と拡大交渉会合を行い，2011年11月12日に大枠合意に至っている。さらに2012年6月には，メキシコとカナダが参加を原則承認された。

問1．下線部(a)と(c)はいずれもアルファベット3文字で略称されることが多いが，それはどういうものか，次のなかから適切なものを一つ選びなさい。

　ア．(a)はEPA，(c)はEMUと略称されている。

　イ．(a)はEMU，(c)はFTAと略称されている。

　ウ．(a)はFTA，(c)はEPAと略称されている。

問2．下線部(b)に記述されている協定の略称は何か，次のなかから適切なものを一つ選びなさい。

　ア．NAFTA（ナフタ）　　イ．APEC（エイペック）　　ウ．MERCOSUR（メルコスール）

問3．下線部(d)を何というか，一般的な略称で答えなさい。

4 次の文章を読み，問いに答えなさい。

　　貿易を構造の面からとらえると，　A　と　B　の2つに大別することができる。前者は，ある国が原材料などの一次産品を輸出し，輸入国がそれに付加価値をつけて工業製品として輸出するという国際分業である。これに対して後者は，相互に工業製品を輸出入し合うという国際分業であるが，これには(a)①企業内貿易・②産業内貿易・③産業間貿易という3つの形態がある。

---〔事　例〕---

〔Ⅰ〕　労働集約型産業が盛んなA国は，主に繊維製品を輸出し，資本集約型産業の製品である自動車を輸入している。

〔Ⅱ〕　B国は，燃費が良くて割安なコンパクトカーを輸出する一方で，ステイタスシンボルとして定評のあるC国やD国の高級車を輸入している。

〔Ⅲ〕　E国の多国籍企業であるF社は，海外に設立した複数の子会社から部品を輸入し，それらを本国で組み立てて，完成品を輸出している。

　　ところで，わが国の貿易構造は，商品別に見ると，かつては原材料を輸入することで天然資源の乏しさを補い，繊維品や金属品を輸出するという　C　の構造であったが，現在では機械機器を中心とした製品輸入が増えてくるなど，　D　の構造に近づきつつある。また，(b)地域別に見ると，輸出入でほぼ同様な現象を確認することができる。

問1．文中の　A　～　D　にそれぞれ入る貿易形態は何か，次のなかから適切なものを一つ選びなさい。

　ア．AとCには水平貿易が，BとDには垂直貿易が入る。
　イ．AとDには水平貿易が，BとCには垂直貿易が入る。
　ウ．AとCには垂直貿易が，BとDには水平貿易が入る。
　エ．AとDには垂直貿易が，BとCには水平貿易が入る。

問2．事例の〔Ⅰ〕～〔Ⅲ〕は，それぞれ下線部(a)の①～③のどれに該当するか，次のなかから適切なものを一つ選びなさい。

　ア．〔Ⅰ〕は①に，〔Ⅱ〕は②に，そして〔Ⅲ〕は③に該当する。
　イ．〔Ⅰ〕は①に，〔Ⅱ〕は③に，そして〔Ⅲ〕は②に該当する。
　ウ．〔Ⅰ〕は②に，〔Ⅱ〕は①に，そして〔Ⅲ〕は③に該当する。
　エ．〔Ⅰ〕は②に，〔Ⅱ〕は③に，そして〔Ⅲ〕は①に該当する。
　オ．〔Ⅰ〕は③に，〔Ⅱ〕は①に，そして〔Ⅲ〕は②に該当する。
　カ．〔Ⅰ〕は③に，〔Ⅱ〕は②に，そして〔Ⅲ〕は①に該当する。

問3．下線部(b)に記述されている「ほぼ同様な現象」と何か，次のなかから適切なものを一つ選びなさい。

　ア．相手国として，1960年から今日に至るまで，一貫してアジアと北アメリカの占める割合が大きく，また，その間，両国の割合にもあまり変化はなく，ほぼ等しい割合で推移してきている。
　イ．相手国として，1960年から今日に至るまで，一貫してアジアと北アメリカの占める割合が大きいが，その間，前者の割合が大幅に減る一方で，その分後者の割合が大幅に伸びてきている。
　ウ．相手国として，1960年から今日に至るまで，一貫してアジアと北アメリカの占める割合が大きいが，その間，前者の割合が大幅に伸びる一方で，その分後者の割合が大幅に減ってきている。

⑤　次の文章を読み，問いに答えなさい。

　　金融のグローバル化がますます進む昨今，その重要な担い手の一つとして，ある投資組織が注目を集めている。その組織は，富裕層や機関投資家から資金を集め，ハイリスク・ハイリターンの運用をする。実際に，彼らは，通常の相場観に反して「逆張り」をすることで，高い収益を狙う傾向があることから，相場が思わぬ方向に動いたときには安全弁の役割になっているといわれている。その一方で，さまざまな金融技術を駆使し，元手の数倍規模で運用を行うため，相場の少しの変動で大きな損失が生じる可能性もあり，国際的な金融不安につながる要因にもなると指摘されている。

　　さらに，この投資組織は，各国の法律や規制をできるだけ避けるとともに，海外の投資家の税務上の便宜に配慮して，ケイマン諸島やブリティッシュバージン諸島などのいわゆるオフショア地域に書類上の本籍を置く一方で，運用担当者は東京，ニューヨーク，香港，ロンドンなどの金融センターにいることが少なくなく，各国の金融当局もその実態をつかむのが難しくなっている。そのため，G7（主要7か国財務相・中央銀行総裁会議）などでは，欧州諸国を中心に，こうした投資組織や彼らが本拠地とするオフショア地域に対して，規制や監督を強化すべきだとする声が高まってきている。

問1．本文に記述されている投資組織を何というか，次のなかから適切なものを一つ選びなさい。
　　ア．ヘッジファンド（hedge fund）
　　イ．バイアウトファンド（buy-out fund）
　　ウ．アクティビティファンド（activity fund）
　　エ．ベンチャーキャピタルファンド（venture capital fund）

問2．下線部に記述されている「オフショア地域」は何と呼ばれているか，カタカナまたは漢字で答えなさい。

⑥　次の文章を読み，問いに答えなさい。

　　池上フーズ株式会社は，アメリカの企業から500万ドルの生産設備を輸入することにした。決済は3か月後，ドル建てで行う契約である。現在の為替相場は「1ドル＝115円30銭」であるが，同社は，3か月後，円安になると予想している。そうなると大きな為替差損が出てしまうので，3か月後に「1ドル＝117円丁度」の相場で500万ドルを買う先物為替予約を取引銀行に対して行った。すなわち，同社は，為替差損の発生に備えて対策を講じたのである。

　　3か月後，案の定，同社の予想が当たって為替相場は「1ドル＝117円20銭」になった。結局，同社は，この先物買い予約により，為替差損の発生をかなり減らすことができたのである。

問1．文中に記述されている池上フーズ㈱が講じたような対策を，総称して何というか，カタカナ6文字で答えなさい。

問2．文中に記述されている対策により，池上フーズ㈱が免れた為替差損の額はいくらか，計算しなさい。

問3．池上フーズ㈱が最終的に被った為替差損の額はいくらか，計算しなさい。

7 次の文章を読み，問いに答えなさい。

　コンビニエンスストア大手の「カールソン」は20XX年9月30日，首都圏や関西などで高級スーパーを展開する「北条美山」を買収すると発表した。小売り事業の多角化を目指す。買収額は，株式取得の364億円と負債200億円近くの計550億円超。カールソンにとって最大の買収案件で，10月末に全株式を投資ファンド「数寄屋橋キャピタル」から買い取る。北条美山は独自の惣菜商品や高級食材など高価格帯の品ぞろえに強く，コンビニなどにノウハウをいかせると判断した。

　当初は，総合スーパー最大手の「レオン」やグループ内にコンビニ最大手を有する「エイト＆ケイホールディングス」なども名乗りを上げていた。しかし，数寄屋橋キャピタルが8月に行った売却の入札に参加したのは，カールソンと百貨店業界の雄「水越伊勢仁ホールディングス」の2社だけ。しかも，カールソンは株式取得額で「300億円以下を提示した」（関係者）に過ぎず，ファンド側の要望とは100億円近い差があった。

　ファンド側は株式売却をあきらめ，株式を上場する検討に入る。だが，9月に入り，株主から「全株式を売却することが難しい上場は，ファンドとして失敗」（幹部）との声が上がり始める。望みが残っていたカールソンと再交渉することになった。カールソン幹部は「『ほかに買収されてもいいのか』と迫られているような交渉だった」と言う。カールソンは買収額を上げざるを得なかった。最終的に提示した額は取締役会が上限に位置づけていた水準だった。

問1．下線部に記述されている株式の上場を特に何というか，漢字またはアルファベットで答えなさい。

問2．文中に記述されているカールソンによる北条美山に対する行為を何というか，次のなかから適切なものを一つ選びなさい。
　ア．TOB（take-over bid）
　イ．LBO（leveraged buyout）
　ウ．M&A（mergers and acquisitions）

問3．文中には，数寄屋橋キャピタルとカールソンによる株式の売買が記述されているが，そこで行われた取引を何というか，次のなかから適切なものを一つ選びなさい。
　ア．先物取引　　イ．相対取引　　ウ．市場取引

次の文章を読み，問いに答えなさい。

　日本で唯一のDRAMメーカーであるSPDメモリ社は，(a)2008年に起きた世界的な金融危機の影響で経営不振状況に陥り，2009年 6 月22日に，(b)改正産業活力再生特別措置法に基づき救済制度の適用を申請した。これに対し，経済産業省は 6 月30日に，同法の適用を認め，日本政策投資銀行が第三者割当増資で優先株300億円を引き受けることを発表した。こうした公的支援の動きを受けて，2006年11月に 1 株300円台まで落ち込んだ同社の株価は，2008年 8 月末には約1,500円までに回復した。ところが，これを悪用して，人知れず金儲けをしようとした男がいた。

　キャリア官僚のRは当時，経済産業省でIT産業を所管する商務情報政策局担当の審議官であった。そのため，SPDメモリ社の再建策にも携わっていたが，彼はそうした立場を利用し，公的支援策が公表される前に会社関係者から内部情報を入手して，他人名義で同社株を購入した。つまり，株の値段が上がることが確実という情報を密かに入手して，安いうちに株を買ったのである。もちろん，高くなったら売るわけで，儲かるのは確実である。(c)これはまさに業務上の地位の乱用であり，法的に許されることではない。

問 1 ．アメリカの大手投資銀行の一つが経営破綻し，下線部(a)の引き金となった事件を何というか，カタカナ 4 文字を補ってその名称を完成させなさい。

問 2 ．下線部(b)に記述されている「救済制度」は何か，次のなかから適切なものを一つ選びなさい。
　ア．債務減免措置　　　イ．公的資金注入　　　ウ．早期是正措置

問 3 ．第二段落に記述されているR氏による株式の購入は違法と判断されるが，このような取引を何というか，次のなかから適切なものを一つ選びなさい。
　ア．スワップ取引　　　イ．オプション取引　　　ウ．インサイダー取引

問 4 ．問 3 に関連して，下線部(c)に記述されている「法」は具体的に何か，次のなかから適切なものを一つ選びなさい。
　ア．金融商品取引法　　　イ．金融商品販売法　　　ウ．金融規制改革法

9　次の文章を読み，問いに答えなさい。

　戦後，わが国の経済は，設備投資のため，多額の資金を必要としてきた。ところが，今ではその資金需要が一段落し，長期信用銀行の役割は終わった。また，金融ビッグバンの流れに沿って，普通銀行に信託業務が解禁されたことで信託銀行もその独自の営業基盤を失った。こうしたことは(a)長期金融機関の衰退を意味する。

　また，(b)優良な貸付先が減っているため，普通銀行のなかには，(c)消費者から預金を集めてそれを企業に貸し付けるという従来のビジネスモデルを転換し，リテールバンキングに力を入れるところが目立つ。すなわち，預金者にさまざまな便宜を提供して手数料収入を稼いだり，預金者の相談にきめ細かく応じて資金運用を幅広く支援し，収益の機会を広げたり，さらには，返済が確実な個人向け住宅ローンなどの顧客を増やしたりしているのである。それどころか，出資法の改正と最高裁の判決で経営が困難になった消費者金融会社を子会社化し，そのノウハウを手に入れて，この分野に本格的に進出した銀行も少なくない。

問1．下線部(a)の現象に拍車をかけ，下線部(b)の原因となっている傾向は何か，次のなかから最も適切なものを一つ選びなさい。

　ア．有力企業がさらなる市場金利の低下を見越し，今はできるだけ銀行からの借り入れを控えようとする傾向。

　イ．有力企業がリストラを断行し，運転資金を切り詰めてできるだけ銀行からの借り入れを減らそうとする傾向。

　ウ．有力企業が利益の内部留保を厚くし，自己資本を増強してできるだけ銀行からの借り入れを減らそうとする傾向。

問2．下線部(c)を何というか，漢字4文字で答えなさい。

[10] 次の文章を読み，問いに答えなさい。

　孝司とトムはそれぞれ日米の若手ビジネスマンであり，数年前，仕事を通して知り合った。以下は，夏季休暇を利用して日本へ遊びに来たトムと孝司の会話である。

　孝司「先日，私が大事に温めてきた事業プロジェクトが，経営戦略会議でやっと了承されたんだ。それまで長い間，関係者に十分根回しをし，反対勢力には気を遣って，説得に時間をかけてきた。その甲斐あって，形式的には全会一致ということになった。だから，実際に動き出せば進行は早いと思うんだけど，それまでの過程でかなり出遅れちゃって，焦っているんだ。うちの会社では，何をやるにしても，まず，僕たち<u>下っ端が計画案を起案書にまとめ，それを関係する主任・係長・課長・部長・担当取締役と順に回して了承を取り付け（押印を求め），最後に社長の決裁で決定するシステム</u>になっているんだ。社長は気楽でいいけど，提案者にとっては面倒臭くてしょうがないよ」

　トム「意思決定の方法は，国によってだいぶ違うんだね。私の会社では，計画案を練り上げたら，とにかくボス（社長）に見せるんだ。そうすると，彼は『結論を先に言え。説明の趣旨は3つまでだぞ』と言う。そして，彼はその場で決断し，ダメなら計画書を破り捨てる。良ければ『よし，やれ，責任は全部俺がとる』という。会議では多数決なんてやらないよ。社長が自分の考えていることをみんなに指示・命令し，それで終わりさ。ただ，時として社長の本心が全員にしっかりと伝わらず，実行段階で仕事に齟齬が生じることはあるけれど，出遅れるなんていうことはまずないね。社長は大変だけど，環境が激変し，世界的に競争が激しい今の時代には，アメリカ式の方がいいかもしれないね」

　孝司とトムが勤めている会社は，それぞれ伝統的かつ典型的な日本企業と欧米企業であるが，日本式の意思決定は，どうやら曲がり角に来ており，わが国でも，企業経営者，特に社長には，時代の先を読む判断力と強い責任感に裏打ちされたリーダーシップが求められているようだ。

問1．下線部を「稟議制度」というが，これは何と読み，どのような性格を持った制度か，次のなかから適切なものを一つ選びなさい。
　ア．「らんぎせいど」と読み，全社的意思決定の象徴と言われている。
　イ．「りんぎせいど」と読み，集団的意思決定の象徴と言われている。
　ウ．「るんぎせいど」と読み，総合的意思決定の象徴と言われている。
　エ．「れんぎせいど」と読み，系統的意思決定の象徴と言われている。

問2．孝司とトムの会社の意思決定の方式をそれぞれ何というか，次のなかから適切な組み合わせを一つ選びなさい。
　ア．孝司の会社：ベースアップの意思決定　　トムの会社：ノックダウンの意思決定
　イ．孝司の会社：ボトムアップの意思決定　　トムの会社：トップダウンの意思決定
　ウ．孝司の会社：ノックダウンの意思決定　　トムの会社：ベースアップの意思決定
　エ．孝司の会社：トップダウンの意思決定　　トムの会社：ボトムアップの意思決定

11 次の文章を読み，問いに答えなさい。

　2000年（平成12年）5月24日，「国等による環境物品等の調達の推進等に関する法律」が成立した。そして，同月31日に法律100号として公布され，翌年の4月1日から全面施行された。同法は，私的利益を考える必要のない公共部門の調達で率先して環境面への配慮を行うことを求めている。

　今日，その趣旨は広く社会に浸透してきている。すなわち，(a)消費者や事業者が商品を購入する際，価格や機能，利便性，デザインなどに関わらず，環境保全の観点から環境への負担の少ない製品・サービスなどを優先的に購入する行動が積極的に展開されているのである。その目的は，環境保全型商品を優先的に選択しながら，これまでの過剰消費型の生産と消費のパターンを環境保全型に変えていくことにある。

　こうした行動に加え，企業の社会的責任や社会的貢献活動を評価して投資しようという社会的責任投資も広がってきている。実際に多くの金融機関で，(b)環境問題に積極的に取り組む環境関連優良企業の株式や債券をより多く組み入れた投資信託（ファンド）が販売され，消費者（一般投資家）の関心が集まっているという。

問1．下線部(a)は何と称されているか，通称，すなわち一般的な略称で答えなさい。

問2．下線部(a)をほとんど無視した消費行動が一部で見られるが，具体的にそれはどのようなものか，次のなかから最も適切なものを一つ選びなさい。
　ア．インターネット通販で地方の特産品を購入して食べるという消費行動
　イ．農家が運営する無人販売所で野菜を購入して食べるという消費行動
　ウ．コンビニエンスストアで弁当類を購入して食べるという消費行動

問3．下線部(b)は特に何と呼ばれているか，カタカナ2文字を補って一般的な用語を完成させなさい。

12 次の〔Ⅰ〕～〔Ⅵ〕の文章を読み，問いに答えなさい。

〔Ⅰ〕家電大手のM電器産業株式会社は，1960年代まで，(a)輸入した部品を日本国内で組み立てて，完成品を輸出することによって成長してきた。そして，輸出先の市場特性を調べたり，流通経路を開拓したりするために，(b)駐在員事務所や販売拠点を海外に設立してきた。

〔Ⅱ〕1970年代に入ると，M社は賃金の安い東南アジアへ進出した。具体的には，(c)現地企業と共同出資して新しい会社をつくり，ラジカセや掃除機，扇風機などを製造するための技術供与を行って，生産拠点を設立したのである。(d)新会社への出資比率はM社が60％，現地企業が40％で，部品の現地調達率は50％超を目指し，経営者にも現地の人を積極的に登用した。そして，(e)そこで生産したものは現地だけでなく，日本でも大々的に販売した。そのため，多くの消費者が，M社製ラジカセなどの裏側に小さく「made in Malaysia」と記されているのを見て驚いたという。もちろん，それらは，欧米諸国へも販路を広げたが，価格の安さと性能の良さが受けて，かなりの人気を得ていた。

〔Ⅲ〕1970年代なかば以降，それまでの繊維や鉄鋼に加え，(f)組立機械や半導体のアメリカへの輸出が急増し，日米間で貿易摩擦が深刻な問題になった。各業界は，とりあえず輸出の自主規制で乗り切ろうとしたが，抜本的な解決には至らなかった。そこで，(g)M社は，北米市場を維持するため，アメリカとカナダで現地生産を行うことにした。さらに，貿易摩擦は，少し遅れてヨーロッパでも表面化したため，同社はイギリスとイタリアにも工場を建設し，現地生産を開始した。

〔Ⅳ〕1985年9月22日，G5（先進5か国蔵相・中央銀行総裁会議）により発表された ［　　　　　］ 以降，円の価値がドルに対して2年で約2倍に上昇し，輸出が不利になった。こうした状況に対して，M社は海外での生産を増やし，そこで生産したものを世界中に販売した。ジャパンブランドの家電製品はどれも人気が高く，同社の業績は右肩上がりだった。

〔Ⅴ〕その後，バブル経済の崩壊や(h)アジア通貨危機，EU統合などがあり，同社の経営はしばらくの間，一進一退という状態であった。ところが，その間に，中国・台湾・韓国・シンガポールといったアジア諸国の企業が力をつけ，日本の現地企業は，次第に苦戦するようになった。特に家電製品の分野でこの傾向が強く，日本社製の携帯電話などは惨憺たるものであった。

〔Ⅵ〕リーマンショックを経て，(i)2011年以降に超円高の局面が到来すると，もはや家電の輸出ではほとんど利益が出なくなった。そのため，日本企業は海外の市場を手放さざるを得なかった。さらに，アベノミクスによる金融緩和で，反対に円安になると，海外の生産拠点で製造した製品を国内で売っても利益が出なくなった。そこへ海外の魅力的な製品が押し寄せてきたため，わが国の家電企業は，テレビやスマートフォンの生産を国内外で縮小したり，その事業から撤退したりしている。その結果，経営危機に陥った企業もあるが，M社は何とか持ちこたえている。

問1．下線部(a)を何というか，次のなかから適切なものを一つ選びなさい。

ア．中継貿易　　イ．仲介貿易　　ウ．加工貿易

問2．下線部(b)の業務はどのようなものか，次のなかから適切なものを一つ選びなさい。

ア．実際に取引を行うことはできず，情報収集や情報提供にとどまる。

イ．情報収集や情報提供を行いながら市場を開拓し，自社製品を積極的に売り込む。

ウ．とりあえず自社製品を売り込んでみて，本格的な進出が可能かどうか輸出先の反応をみる。

問3．下線部(c)に記述されている「新しい会社」を現地法人の組織形態として見た場合，これを何というか，漢字2文字を補って正しい用語を完成させなさい。

問4．下線部(d)に記述されている「新会社」からM社を見た場合，それはどのような位置づけになるか，次のなかから適切なものを一つ選びなさい。
ア．親会社　　イ．合資会社　　ウ．持株会社

問5．下線部(e)には，ある輸入形態が記述されているが，これを何というか，次のなかから適切なものを一つ選びなさい。
ア．再輸入　　イ．逆輸入　　ウ．並行輸入

問6．下線部(g)で現地生産の対象になったのは下線部(f)であるが，その製品は具体的に何か，カタカナで答えなさい。

問7．〔Ⅱ〕と〔Ⅲ〕には生産のための海外直接投資が記述されているが，これを目的別に分類するとどうなるか，次のなかから適切なものを一つ選びなさい。
ア．〔Ⅱ〕には労働力利用型の，〔Ⅲ〕には輸出志向型と貿易摩擦回避型の海外直接投資が，それぞれ記述されている。
イ．〔Ⅱ〕には労働力利用型と輸出志向型の，〔Ⅲ〕には貿易摩擦回避型の海外直接投資が，それぞれ記述されている。
ウ．〔Ⅱ〕には輸出志向型の，〔Ⅲ〕には労働力利用型と貿易摩擦回避型の海外直接投資が，それぞれ記述されている。

問8．〔Ⅳ〕の　　　　　に入るものは何か，次のなかから適切なものを一つ選びなさい。
ア．ニクソンショック　　イ．スミソニアン協定　　ウ．プラザ合意

問9．下線部(h)はアメリカのヘッジファンドを主とした機関投資家による通貨の空売りによって引き起こされたが，これによって通貨が暴落し，経済に大きな打撃を受けて，IMFの管理体制に入った国はどこか，次のなかから適切な組み合わせを一つ選びなさい。
ア．中国・台湾・シンガポール
イ．タイ・インドネシア・韓国
ウ．マレーシア・フィリピン・香港

問10．下線部(i)に記述されている局面において，円の対ドル相場は，2011年3月17日のニューヨーク外国為替市場で戦後最高値を更新したが，それはいくらか，次のなかから適切なものを一つ選びなさい。
ア．1ドル＝76円25銭　　イ．1ドル＝87円42銭　　ウ．1ドル＝99円98銭

13 次の文章を読み，問いに答えなさい。

　山間の村に生まれ育った杉谷篤志は，高齢化が進む故郷の役に立ちたいと考え，大学卒業と同時に地元へ帰ってきた。(a)高齢者の生きがいと地域の活性化を実現させる，これが篤志の課題であった。

　彼は，(b)地元に植えられている栃の木に目をつけた。栃の木は毎年秋になるとたくさんの実をつけるが，今ではだれにも見向きもされず，野生動物のエサになっている。

　行動を開始した篤志は，大学の先輩でマーケティングコンサルタントのY氏に相談を持ち掛けた。するとY氏はさっそく村へやってきて，(c)村人の日常生活や村内の施設をつぶさに見て回った。篤志が栃の実のことを話すと，今度は秋口にやってきて，(d)栃の実はどれくらい収穫できるか調査し，(e)老人たちに話し掛けたり，(f)アンケート調査をしたりした。なお，アンケート調査の内容は，次の1～5の合計24項目について，5点評価を求める（「大いにある」「どちらかといえばある」「どちらともいえない」「どちらかといえばない」「まったくない」のなかから，当てはまるものに○を付けさせる）ものである。

　　　1．栃の実を加工するための知識や技術はあるか。
　　　2．製品開発の可能性はあるか（20種類の製品について）。
　　　3．事業への興味や関心はあるか。
　　　4．賃金へのこだわりはあるか。
　　　5．生き甲斐へのこだわりはあるか。

以下はY氏がまとめた調査報告書の概要である。

───────「○△村・栃の実ビジネス」に関する調査の概要───────

(1)　現状でも栃の実は年間6トン程度の収穫が見込め，しかも安く入手することができる。

(2)　栃の実を使えば，もち，あられ，せんべい，かりんとう，うどん，和洋菓子，クレープ，アイスクリーム，甘露煮など，多様な製品を作ることができ，新製品開発の可能性もある。

(3)　アンケート調査の結果，事業への参加に興味を示した老人は21人であった。

(4)　村の老人たちと話してみると，彼らは栃の実を使った昔からの食べ物の作り方を熟知しており，仕事に対する意欲もある。

(5)　動機づけとして賃金は重要であるが，それ以上に，老人たちはみんなで一緒に楽しく仕事がやれることを強く望んでいる。

(6)　村には使われていない選果場があり，それを改修すれば少ない費用で作業場を確保することができる。

(7)　いくつかの商品について原材料費，光熱費，施設利用料，老人たちへの賃金，販売費，管理費などを試算し，積算してみたが，販売原価はそれほど大きくならない。したがって，それに最低限必要な利益を上乗せしても，適切な販売価格の設定は可能である。

(8)　村と老人と栃の実を前面に出した製品作りを心掛け，土産物店のほか，インターネットでも販売すべきである。その際，個々の商品に加え，セットでの販売も考えるべきである。

(9)　視察や取材を積極的に受け入れ，(g)商品や村の情報が，記事や報道として新聞やテレビ，雑誌などで取り上げられるようにすべきである。また，インターネットでのクチコミも促すようにすべきである。そうすれば広告宣伝費を軽減することができる。

(10)　しっかりとした組織を作って事業を開始し，利益の最大化にこだわらなければ，ビジネスの継続は可能である。

　この調査結果に背中を押された篤志は，事業をおこす決心をした。そして，まず，(h)有志とともに非営利組織「○△村・栃の郷の仲間たち」（通称，栃仲）を立ち上げ，法人格を取得した。次に，老人たちに事業の概要を説明し，元気な老人数人に協力を求めた。

問1．新しいビジネスに対する篤志の発想はどのような方法でなされたか，下線部(a)と(b)を検討して，次のなかから適切なものを一つ選びなさい。
　ア．終始，シーズ発想法でなされた。
　イ．終始，ニーズ発想法でなされた。
　ウ．まずはシーズ発想法でなされ，具体案はニーズ発想法でなされた。
　エ．まずはニーズ発想法でなされ，具体案はシーズ発想法でなされた。

問2．下線部(c)のような調査方法を何というか，次のなかから適切なものを一つ選びなさい。
　ア．質問法　　イ．観察法　　ウ．実験法

問3．下線部(e)のような調査方法を何というか，次のなかから適切なものを一つ選びなさい。
　ア．インタビュー(interview)　　イ．アポイントメント(appointment)
　ウ．ロケーションハンティング(location hunting：通称ロケハン)

問4．下線部(c)〜(f)の活動を，集める情報の性質によって分類するとどのようになるか，下線部(f)の直後の文章も参照し，次のなかから適切なものを一つ選びなさい。
　ア．下線部(c)と(d)は定性調査に，下線部(e)と(f)は定量調査に分類される。
　イ．下線部(c)と(d)は定量調査に，下線部(e)と(f)は定性調査に分類される。
　ウ．下線部(c)と(e)は定性調査に，下線部(d)と(f)は定量調査に分類される。
　エ．下線部(c)と(e)は定量調査に，下線部(d)と(f)は定性調査に分類される。

問5．Ｙ氏が○△村で行った調査活動を総称して何というか，次のなかから最も一般的なものを一つ選びなさい。
　ア．フィールドワーク(fieldwork)　　イ．フィールドスタディ(field study)
　ウ．フィールドリサーチ(field research)

問6．「調査の概要」の(7)に記述されているような価格設定の方法を何というか，次のなかから適切なものを一つ選びなさい。
　ア．コストプラス法　　イ．マーケットプライス法　　ウ．コストパフォーマンス法

問7．下線部(g)を何というか，カタカナ6文字の専門用語で答えなさい。

問8．下線部(h)に記述されている「○△村・栃の郷の仲間たち」はどのような法人に分類されるか，次のなかから適切なものを一つ選びなさい。
　ア．特殊法人　　イ．NGO法人　　ウ．NPO法人

問9．篤志のような存在を何というか，次のなかから適切なものを一つ選びなさい。
　ア．ソーシャルインキュベーター(social incubator)
　イ．ソーシャルアントレプレナー(social entrepreneur)
　ウ．ソーシャルイントラプレナー(social intorepreneur)

問10．篤志が始めたようなビジネスを何というか，次のなかから適切なものを一つ選びなさい。
　ア．ローカルビジネス(local business)
　イ．ソーシャルビジネス(social business)
　ウ．コミュニティビジネス(community business)

第36回（令和3年度）商業経済検定試験問題〔ビジネス経済B〕

解答上の注意

1．この問題のページはp.72からp.85までです。
2．解答はすべて別紙解答用紙（p.109）に記入しなさい。
3．文字または数字で記入するもの以外はすべて記号で答えなさい。
4．計算用具などの持ち込みはできません。
5．制限時間は60分です。

※ 試験終了後，問題用紙も回収します。

① 次の文章を読み，問いに答えなさい。

わが国では，少子高齢社会の進行に伴う人手不足解消のための施策や，働き方改革の進展により，雇用や労働をめぐる環境が大きく変化している。

総務省の人口統計によると，労働のおもな担い手となる生産年齢人口は，2020年1月1日時点で，前年同月から41万人減少し，総人口に占める割合は過去最低の59.4％に下がった。その一方で，労働力調査によると，(a)2019年平均の就業者数は前年平均から60万人増加した。この増加数を男女別でみると，女性の増加数が男性の約3倍多く，年齢階層別でみると，65歳以上が前年に比べて30万人増加していた。その背景をみてみる。

(b)わが国における女性の社会進出は，労働者の募集や採用時に男女の就業機会を平等にすることや，女性労働者であることを理由に男性労働者と差別することなどを禁止した法律が1986年4月に施行されたことが大きな転機となった。しかし，世界と比較するとわが国の女性の社会進出はすすんでいない。そのため，2016年には女性活躍推進法が施行され，2018年に改訂されたコーポレートガバナンス・コードでは取締役に女性をはじめ多様な人材の起用を促している。

さらにわが国では，「70歳現役社会」を見据えた法整備もすすんでいる。2020年3月，70歳までの就業機会の確保を企業の努力義務とする改正高年齢者雇用安定法をはじめとした一連の改正法が成立し，2021年4月から施行された。今回の改正はあくまで努力義務であるが，将来的には70歳までの雇用確保義務化を視野に入れている。

一方，わが国では働き方改革が進展している。2018年6月には，残業時間の罰則付き上限規則の導入，同一労働同一賃金の制度化，高度プロフェッショナル制度の創設の三つを柱とする働き方改革関連法が成立した。多様な働き方を選択できる社会の実現をめざしたり，働き手の意欲を高めたり，(c)労働者一人当たりの生産高を向上させたりする狙いがある。

多くの法律や取り組みによって雇用や労働の環境は変化している。2020年は，新型コロナウイルス感染症の感染拡大が影響し，就業者数は8年ぶりに減少し，失業率や有効求人倍率も悪化した。今後は，その改善に向けた取り組みが求められる。

問1．本文の主旨から，下線部(a)の理由の一つとして，次のなかから最も適切なものを一つ選びなさい。
　ア．生産年齢人口は減少した一方で，若年層の就業者は増加したため。
　イ．生産年齢人口は減少した一方で，賃金上昇を背景として労働需要が増加したため。
　ウ．生産年齢人口は減少した一方で，女性および65歳以上の就業者は増加したため。

問2．下線部(b)に記された法律を何というか，次のなかから適切なものを一つ選びなさい。
　ア．男女共同参画社会基本法　　イ．男女雇用機会均等法　　ウ．育児・介護休業法

問3．下線部(c)を何というか，漢字5文字で正しい用語を記入しなさい。

2 次の文章を読み，問いに答えなさい。

　わが国では経済のサービス化(ソフト化)が急速にすすみ，全産業に占めるサービス産業の割合が増加している。

　サービス産業は，サービスを提供する対象によって，対事業所サービス産業と対個人サービス産業に大別することができる。対事業所サービス産業の一つである代行関連サービス業をみてみると，近年，(a)企業が自社で行う業務の一部を，外部の企業に委託するアウトソーシングを多くの企業で取り入れている。アウトソーシングの導入はさまざまな分野に広がり，その利用数は飛躍的に増加している。また，対個人サービス産業についても，サービス経済化によって需要が高まり，拡大している。ここでは，対個人サービス産業の例をみてみる。

　A社は，(b)個人向けに，映画や演劇，音楽などの各種イベントの開催や，映画館に付属する各種遊戯施設などを運営する企業である。国内において，新型コロナウイルス感染症の感染拡大を防止するために，密閉，密集，密接から名づけられた3密を避ける生活が求められているなか，A社は，2020年7月に全国10か所でドライブインシアターを企画した。ドライブインシアターは，屋外に設置した大きなスクリーン，または，建物の壁に映像が映し出され，車内のラジオの周波数を合わせて音声を受信し，自動車の中で映画を楽しむことができる。A社では，今後も全国各地での上映を予定している。ドライブインシアターは，1990年代にわが国で流行したが，シネマコンプレックスの普及により姿を消していた。近年の新型コロナウイルス感染症の感染拡大を機に，安全な空間で映画を楽しめるということから，見直され，再び注目されている。

　ところで，新しいサービスは，既存のサービスにはない新規性を出しているものが多い。その新規性には，提供内容の新規性や提供方法の新規性，(c)提供対象の新規性などがある。

　今後も，新たなサービス業が誕生し，需要の拡大によって新たな産業へと発展することで，企業経営の効率化や，人々の生活を大きく変えていくことが考えられる。

問1．下線部(a)の目的として，次のなかから適切なものを一つ選びなさい。
　ア．経営コストを削減するとともに，仕事の迅速化・効率化を図ること
　イ．企業外から優秀な人材を確保するとともに，経営陣の刷新を図ること
　ウ．自社の正社員の人数を増やすとともに，知識や技能の習得を図ること

問2．下線部(b)のようなサービスは何に当たるか，次のなかから適切なものを一つ選びなさい。
　ア．生活情報関連サービス業　　　イ．生活支援関連サービス業　　　ウ．余暇関連サービス業

問3．下線部(c)の具体例として，次のなかから最も適切なものを一つ選びなさい。
　ア．タクシー会社のA社は，自動ドアによってドアを開閉していたが，開閉時の事故を防止するため，ドライバーが車外に出て，手でドアの開閉を行う新しいサービスを開始した。
　イ．倉庫業者のB社は，事業者の荷物を専門に保管していたが，個人の荷物を保管する新しいサービスを開始した。
　ウ．スーパーマーケットのC社は，購入した商品の持ち帰りを原則としていたが，来店して購入した商品を有料で自宅まで配達する新しいサービスを開始した。

③ 次の文章を読み，問いに答えなさい。

2020年11月15日，わが国も参加するＲＣＥＰ（地域的な包括的経済連携）の第４回首脳会議がオンライン形式で開催され，交渉国のうちインドを除いた国々がＲＣＥＰ協定に署名した。

ＲＣＥＰには，(a)1967年にタイ・インドネシア・フィリピン・マレーシア・シンガポールの５か国によって設立した地域経済統合に，わが国や中国，韓国，オーストラリア，ニュージーランドを加えた国々が参加している。ＲＣＥＰは，参加国全体で，世界の人口とＧＤＰ（国内総生産）のおよそ３割を占める世界最大規模の(b)ＦＴＡである。また，わが国にとっては，最大の貿易相手国である中国，３番目の貿易相手国である韓国と初めて締結するＦＴＡとなる。主な合意内容は，(c)参加国間の貿易にかけられていた農林水産品や工業製品の関税の撤廃・引き下げ，輸出入の手続きの簡素化などである。品目数でみると，参加国全体での関税の撤廃率は91％であり，99％以上のＴＰＰ11と比べるとやや低い水準となっているが，多くの品目で関税が撤廃，または引き下げられることとなった。

ＲＣＥＰの原点は，(d)1997年にある国の通貨が暴落し，それが他のアジア諸国に波及して起こったアジア通貨危機後に浮上した広域ＦＴＡ構想であり，本格的な交渉が始まったのは2012年からである。しかし，高い自由化目標を掲げる国と，国内産業保護のために自由化の度合いを抑えたい国の隔たりが大きく，交渉は難航した。会合を重ねた結果，最終的にインドが離脱し，交渉決裂も心配されたが各国が粘り強く交渉を続け，合意にたどり着いた。

わが国は，ＲＣＥＰとＴＰＰ11を合わせ，アジア太平洋全域にまたがる「ＦＴＡＡＰ（アジア太平洋自由貿易圏）」構想の実現をめざしている。

問１．下線部(a)を何というか，次のなかから適切なものを一つ選びなさい。
　　ア．ＡＳＥＡＮ　　イ．ＡＰＥＣ　　ウ．ＮＡＦＴＡ

問２．下線部(b)の説明として，次のなかから適切なものを一つ選びなさい。
　　ア．特定の国や地域の間で，通商上の障壁を取りのぞくことを目的とする協定
　　イ．一次産品の急激な価格変動を回避して，開発途上国の持続的発展を目的とする協定
　　ウ．温室効果ガスの排出量を減らして，世界の平均気温上昇を抑えることを目的とする協定

問３．下線部(c)による国内産業への影響として，次のなかから適切なものを一つ選びなさい。
　　ア．自国の製品は輸出しやすくなるが，他国の製品は国内に輸入されることがないため国内産業の発展と保護につながる。
　　イ．自国の製品は輸出しにくくなるが，他国の製品も国内に輸入されることがないため国内産業の保護につながる。
　　ウ．自国の製品は輸出しやすくなるが，他国の製品が大量に輸入されることで国内産業に大きなダメージを与える可能性がある。

問４．下線部(d)に記されたある国として，次のなかから正しいものを一つ選びなさい。
　　ア．シンガポール　　イ．フィリピン　　ウ．タイ

④ 次の文章を読み，問いに答えなさい。

　一国の国際取引によって発生する金銭の受け取りと支払いの差額を国際収支という。

　右表は，2019年と2020年におけるわが国の国際収支を表したものである。この表は，経常収支，□□□□，金融収支，誤差脱漏の項目から成り立つ。そのうち経常収支とは，貿易・サービス収支，第一次所得収支，(a)第二次所得収支の合計である。ここでは，貿易・サービス収支の2019年から2020年にかけての変化をみてみる。

　貿易・サービス収支とは，貿易収支およびサービス収支の合計である。貿易収支は，輸出額から輸入額を差し引いたものである。2020年は，輸出額，輸入額ともに新型コロナウイルス感染症の影響を大きく受けたが，(b)2019年と比較すると貿易収支の黒字幅は拡大した。サービス収支とは，海外とわが国におけるサービス取引の収支を示すものである。わが国のサービス収支は，訪日外国人旅行者の増加を背景にして，2015年頃から，赤字幅が縮小していた。しかし2020年は，新型コロナウイルス感染症によるわが国への入国制限や自粛生活などが大きく影響し，サービス収支の赤字幅は拡大した。

　海外との財やサービス，投資の取引状況を示す国際収支をみれば，一国の対外経済取引の状況がわかる。2020年は，新型コロナウイルス感染症の影響が大きかった。2021年の国際収支にも注目したい。

2019年・2020年国際収支状況 （単位：億円）

			2019年	2020年
経　常　収　支			192,732	158,790
	貿易・サービス収支		−9,318	−7,250
		貿　易　収　支	1,503	30,106
		輸　　出	757,753	673,701
		輸　　入	756,250	643,595
		サービス収支	−10,821	−37,357
	第　一　次　所　得　収　支		215,749	191,532
	第　二　次　所　得　収　支		−13,700	−25,492
□□□□			−4,131	−1,842
金　融　収　支			248,843	137,395
	直　接　投　資		238,810	96,033
	証　券　投　資		93,666	42,339
	金　融　派　生　商　品		3,700	8,662
	そ　の　他　投　資		−115,372	−21,618
	外　貨　準　備		28,039	11,980
誤　差　脱　漏			60,242	−19,553

（出所：『財務省統計』より作成）

問１．文中および表中の□□□□に共通して当てはまる項目は何か，漢字７文字で正しい用語を記入しなさい。

問２．下線部(a)の説明として，次のなかから適切なものを一つ選びなさい。
　ア．対外金融債権・債務から生じる利子・配当金等の差額
　イ．居住者と非居住者との間の対価を伴わずに行われる一方的移転の差額
　ウ．対価の受領を伴わない固定資産の提供，非生産・非金融資産の取得や処分の差額

問３．本文の主旨および国際収支状況の表から，下線部(b)の理由として，次のなかから最も適切なものを一つ選びなさい。
　ア．2020年の輸入額は，2019年から大幅に減少したが，2020年の輸出額は，2019年から大幅に増加したため。
　イ．2020年の輸入額・輸出額は，ともに2019年から減少したが，輸出額の減少幅よりも輸入額の減少幅のほうが小さかったため。
　ウ．2020年の輸入額・輸出額は，ともに2019年から減少したが，輸入額の減少幅よりも輸出額の減少幅のほうが小さかったため。

5 次の文章を読み，問いに答えなさい。

現代の社会においては，他国の商品を輸入し，自国の商品を輸出する貿易が必要不可欠である。貿易に関しての基礎理論となっているのが，(a)比較生産費説である。ここでは，比較生産費説がどのような理論であるかみてみる。

下表のように，A国，B国とも，小麦と自動車の二つの商品を生産するだけであり，総労働者数はA国が100人，B国が50人であるとする。また，A国とB国の両国間での労働者の移動と資本移動はないと仮定する。このような場合に，A国が ① ，B国が ② というように，自国内で比較優位をもつ商品の生産に両国が特化して，それぞれの貿易を行う。そうすることで，いずれの国民も自国の生産量を上回る量の商品を取得できるようになるという理論が，比較生産費説である。この考えに基づき，第二次世界大戦後，GATTという国際協定によって自由貿易のルールが定められた。そして現在では，(b)GATTを拡大発展させ1995年1月1日に設立された国際機関が，自由貿易を中心とした貿易に関するさまざまなルールを定めている。

しかし，自由貿易を中心としながらも実際には，自国の産業を保護するためさまざまな政策が行われている。例えば，(c)わが国の政府は，アメリカ産牛肉の輸入量が日米貿易協定の基準数量を超えたため，2021年3月18日から30日間，アメリカ産の牛肉の関税を引き上げる措置をとった。今回は期間が短いことや，措置がとられることを見越して在庫を増やしていた企業も多かったことなどから，国民生活に大きな混乱はみられなかった。

貿易に関しては，その国の秩序にあった，バランスのとれた政策が必要であり重要なのである。

生産に必要な労働者数

	小麦1t	自動車1台	総労働者数
A国	60人	40人	100人
B国	20人	30人	50人

問1．下線部(a)を初めて唱えた経済学者として，次のなかから正しいものを一つ選びなさい。

ア．D.リカード（D.Ricardo）　　イ．A.スミス（A.Smith）　　ウ．K.マルクス（K.Marx）

問2．本文の主旨および生産に必要な労働者数の表から，文中の ① ， ② に当てはまる商品の組み合わせとして，次のなかから正しいものを一つ選びなさい。

ア．①小麦　　　②自動車

イ．①小麦　　　②小麦

ウ．①自動車　　②小麦

問3．下線部(b)を何というか，次のなかから適切なものを一つ選びなさい。

ア．ECB　イ．WTO　ウ．AIA

問4．本文の主旨から，下線部(c)のような政策を何というか，次のなかから適切なものを一つ選びなさい。

ア．セーフガード　　イ．戦略的通商政策　　ウ．幼稚産業保護

6 次の文章を読み，問いに答えなさい。

　ある国の通貨と他の国の通貨が交換される市場を外国為替市場といい，その際の交換比率のことを外国為替相場という。

　外国為替相場は，第二次世界大戦後の長い間にわたり，各国で固定相場制が採用されていた。しかし，(a)1971年8月のニクソン・ショックにより，固定相場制が崩壊したため，現在ではほとんどの国が，変動相場制に移行している。

　外国為替相場の変動は，各国の企業に影響を与える。例えば，外国為替相場が1ドル＝110円の時に，わが国のある家電メーカーが総額1万ドルの家電をアメリカに輸出して，ドル建て債権を保有しているとする。仮に，(b)決済時に外国為替相場が1ドル＝105円になった場合，保有しているドル建て債権の価値が変わってしまう。外国為替相場の変動で損失をこうむる危険のことを為替リスクという。為替リスクは，企業に大きな損失を与えることもある。

　また，外国為替相場はさまざまな観点から分類することができる。その一つが，(c)外国為替の売買契約が成立すると同時，または成立後から2営業日以内に，売買された通貨の受け渡しが行われる取引の場合に適用される相場と，先物取引の場合に適用される先物相場といった分け方である。このうち先物取引とは，将来，通貨の受け渡しが行われる取引のことをいう。先物取引の契約を結ぶ際には，あらかじめ決められた外国為替相場で通貨の交換をする契約を，取引先銀行と結ぶことになる。そのため(d)先物取引は，為替リスクの回避策の一つとして利用されることもある。

　私たちは，外国為替相場を毎日のニュースや新聞などで知ることができる。グローバル化の進展により，外国為替相場は企業や私たちにとって身近なものとなってきている。

問1．下線部(a)の説明として，次のなかから正しいものを一つ選びなさい。
　ア．当時のアメリカ大統領によって出された，不要不急の外出自粛や施設の使用制限の要請
　イ．当時のアメリカ大統領によって出された，金とドルの交換停止の宣言
　ウ．当時のアメリカ大統領によって行われた，最低賃金を引き上げる大統領令への署名

問2．本文の主旨から，下線部(b)の状況として，次のなかから適切なものを一つ選びなさい。
　ア．円での受取金額は105万円となり，5万円の為替差損が発生する。
　イ．円での受取金額は110万円となり，為替差損も為替差益も発生しない。
　ウ．円での受取金額は105万円となり，5万円の為替差益が発生する。

問3．下線部(c)を何というか，次のなかから適切なものを一つ選びなさい。
　ア．店頭取引　　イ．相対取引　　ウ．直物取引

問4．本文の主旨から，下線部(d)の理由として，次のなかから適切なものを一つ選びなさい。
　ア．決済時に外国為替相場が大幅に変動していたとしても，一方での為替差損が他方の為替差益で補填できるため。
　イ．決済時に外国為替相場が大幅に変動していたとしても，取引先銀行との間で決められた外国為替相場で代金の受け払いができるため。
　ウ．決済時に外国為替相場が大幅に変動していたとしても，取引先企業が為替差損の発生額分を補填してくれるため。

　金融とは黒字主体から赤字主体へと資金を融通させるしくみであり，金融市場は，その両者を引きあわせる場として整備されてきた。金融市場は，金融取引の多様化とともに拡大を続けている。

　(a)金融市場における資金の需要と供給は，金利の変動によって調整される。これは，市場経済における財の価格と同様の考え方である。

　一方，金融市場は，やり取りされる資金の期間に応じて，短期金融市場と長期金融市場に分けられる。また，長期金融市場は，長期貸出市場と資本市場に分けられ，資本市場は大きく株式市場と債券市場に分けられる。ここでは株式市場についてみてみる。

　株式市場の取引は，東京・名古屋・札幌・福岡の全国４か所に開設された証券取引所を中心に展開される。証券取引所が開設する市場で，特定銘柄を取引の対象に加えることを上場といい，初めて株式を上場することを公開という。わが国の上場企業数と売買高の９割以上は，東京証券取引所に集中している。2021年現在，東京証券取引所には，国内外を代表する大企業・中堅企業が上場する市場第一部と市場第二部，(b)1999年に開設され，市場第一部へのステップアップを視野に入れた高い成長可能性のある新興企業向けの市場，(c)2013年に東京証券取引所と大阪証券取引所が経営統合するまでは，大阪証券取引所が運営していた新興企業向けの市場の四つの市場区分がある。しかし，各市場区分のコンセプトが曖昧であり投資家にとって利便性が低いといった課題が指摘されていた。そのため，2022年４月４日からは，プライム市場・スタンダード市場・グロース市場という三つの新しい市場区分で構成されることが決定している。

　また，株式はその持ち分に応じて経営に参加する権利をあらわす。そのため，株式会社の経営権そのものをめぐって取引が展開されることも多い。企業間の合併・買収（Ｍ＆Ａ）は，その典型的な事例であり，(d)時価よりも有利な価格を提示して，目標とする株式の売却を募る方法で実行することもある。この方法は，2020年，大手情報通信業者が移動体通信事業を営む企業を完全子会社化するために，総額4.2兆円で行ったことでも話題となった。

　企業の社内留保が積み上がっている現在，金融市場には余剰資金のより効率的な運用手段を提供することが求められている。

問１．下線部(a)に記された調整の方法として，次のなかから適切なものを一つ選びなさい。
　ア．資金の需要が高いときは金利を下げて，資金の需要が低いときは金利を上げる。
　イ．資金の需要が高いときは金利を上げて，資金の需要が低いときも金利を上げる。
　ウ．資金の需要が高いときは金利を上げて，資金の需要が低いときは金利を下げる。

問２．本文の主旨から，下線部(b)と下線部(c)の名称の組み合わせとして，次のなかから適切なものを一つ選びなさい。
　ア．(b)マザーズ　　　　　(c)セントレックス
　イ．(b)マザーズ　　　　　(c)ジャスダック
　ウ．(b)セントレックス　　(c)アンビシャス

問３．下線部(d)を何というか，次のなかから適切なものを一つ選びなさい。
　ア．ＮＮＰ　　イ．ＩＰＯ　　ウ．ＴＯＢ

8　次の文章を読み，問いに答えなさい。

　わが国の金融市場・資本市場の秩序を守り，金融取引の質的な向上を図るうえで重要な役割を担う行政機関が金融庁である。

　金融庁は金融市場について，制度の整備，各種金融機関の監督などの権限をもつ。制度の構築にあたっては，全ての金融機関の健全性を確保することが最優先となる。まず，民間企業が銀行業へ参入するには免許の取得が必要であり，業務範囲を厳密に規定している。また，(a)海外に営業拠点をもつ銀行の，総資本に対する自己資本の適正割合を定める国際的な統一基準も，財務破綻を予防する重要な手続きと位置づけられている。

　さらに金融庁は，資本市場に対する投資家の信頼を高め，多くの投資家が安心して資本市場に参加するための法整備もすすめている。わが国では，2009年から(b)国際会計基準審議会（ＩＡＳＢ）によって設定される国際的な会計の基準の任意適用を開始した。ＥＵ域内の上場企業には適用が義務化されているこの会計基準を，わが国の多くの企業が採用をすすめている。また近年，(c)投資家は，従来の財務情報だけでなく，企業のさまざまな要素を評価して投資をするようになってきている。環境（Environment），社会（Social），ガバナンス（Governance）という三つの観点に配慮している企業を重視，選別して投資を行うＥＳＧ投資はその代表であり，国連が提唱するＳＤＧｓ（持続可能な開発目標）と合わせて注目されている。

　一方，2006年に制定された金融商品取引法では，市場の公正な発展をうながすために，不公正な取引を厳しく取り締まっている。(d)インサイダー取引や風説の流布などは，公正な取引を保証する金融制度の根幹をゆるがすため，厳しく禁じている。

　グローバル化とともに資金の流れは速度を増しており，金融市場の改革にもスピード感が要求されている。

問１．下線部(a)を何というか，正しい用語を完成させなさい。

問２．下線部(b)を何というか，次のなかから適切なものを一つ選びなさい。
　ア．ＩＦＲＳ　　イ．インベスター・リレーションズ　　ウ．ブックビルディング方式

問３．下線部(c)の具体例として，次のなかから最も適切なものを一つ選びなさい。
　ア．過去数年間の損益計算書から，継続して営業利益を伸ばしている企業を評価し投資をする。
　イ．地球温暖化への対応として，再生可能エネルギーを利用している企業を評価し投資をする。
　ウ．貸借対照表の資産から負債を差し引き，算出された純資産が多い企業を評価し投資をする。

問４．下線部(d)の具体例として，次のなかから最も適切なものを一つ選びなさい。
　ア．特定の株式の相場を有利な方向に誘導するため，虚偽の情報を提示し，他の投資家に対して購入を勧誘した。
　イ．特定事実の公開に先立って，その事実を知る立場にある者が，株式を買い付けて値上がり益を獲得した。
　ウ．会計上の技法を駆使して，虚偽の記載を行い，実際の金額とは異なった資産や収益を過大に計上した。

9 次の文章を読み，問いに答えなさい。

　わが国の企業は，経済が成長・発展する過程で，日本的経営と呼ばれる企業経営のシステムをつくり出してきた。日本的経営の特色は，資金調達の財務面と，雇用慣行の面，意思決定の方法の三つの側面にみることができる。

　一つ目の側面である資金調達の財務面では，従来，欧米の企業においては直接金融が中心であったのに対し，(a)わが国の企業の資金調達は間接金融が中心であった。しかし，近年では，直接金融の比率が著しく高まっている。二つ目の側面である雇用慣行の面においては，次のような特徴をみることができる。その特徴は，(b)正規採用した労働者は，定年まで雇用するという慣行や，昇給には個人差はあるが，勤続年数が長くなれば，多くの人はしだいに重要な仕事に就き賃金が上がるというシステム，そして，労働組合は，職種に関係なく組織化される企業別組合が一般的であるというものである。三つ目の側面である意思決定の方法については，欧米では，上司が意思決定し，部下に命令するトップダウンの意思決定の方式をとっているのに対し，(c)個人ではなく，関係する人々の意見を尊重して，集団の意思決定としてなされることが多いという特徴がある。この集団的意思決定は，会議や委員会，稟議制度などにみられ，できるかぎり全会一致で決定がなされるような努力が行われることが多い。

　ところで，わが国では，今後，環境の変化や世界的に競争が激しくなることが考えられるなかで，効果的で迅速な経営を実現するために，取締役会の改革が急速にすすめられている。その改革には，(d)執行役員制度の導入をはじめとして，外部取締役を新たに任命する制度や指名委員会等設置会社制度の導入などがある。

　わが国の企業は，さらなる成長・発展のため，新しい日本的経営をつくり出すことが大きな課題となる。

問１．下線部(a)の説明として，次のなかから適切なものを一つ選びなさい。
　ア．資本市場の発達が遅れていたため，企業の資金調達は銀行からの借り入れに依存していた。
　イ．資本市場の発達が遅れていたため，企業の資金調達は株式・社債の発行に依存していた。
　ウ．資本市場の発達が遅れていたため，企業の資金調達は保有する資産の売却に依存していた。

問２．下線部(b)を何というか，漢字４文字で正しい用語を記入しなさい。

問３．下線部(c)の利点として，次のなかから最も適切なものを一つ選びなさい。
　ア．意思決定までの手続きを簡略化でき，決裁までにかかる時間を短縮することができる。
　イ．意思決定に際しての責任が明確となり，決裁された計画の変更は迅速に行うことができる。
　ウ．社員の企業経営への参加意識が高まり，決裁された計画は早く実行に移すことができる。

問４．下線部(d)の利点として，次のなかから適切なものを一つ選びなさい。
　ア．監査役会の権限を強化して，協調的な労使関係を構築することができる。
　イ．執行役員に業務執行と監督の機能を集中させることで，手続きを簡略化できる。
　ウ．取締役から社長にいたる階層が短くなったり，取締役の数も大幅に減らしたりできる。

10 次の文章を読み，問いに答えなさい。

　企業が成長するためには，さまざまな環境変化に対する適切な対応が欠かせない。ここでは，近年のわが国の企業をとりまく外部環境の変化についてみてみる。

　まず，第一に，少子高齢化と人口減少である。少子化にともなって，労働力人口は1998年をピークに長期の減少傾向にあり，また，総人口も減少傾向にある。人口構造に目を向けてみると，高齢化率の上昇傾向がみられる。

　第二に，経済の発展にともなって変化した国民生活である。こんにちの私たちの生活スタイルを，経済の発展前と比較すると，女性の社会進出の増大や24時間営業の店舗の増加，携帯電話・スマートフォンといった情報通信機器の普及など，さまざまな社会変化によって著しく変化してきた。そして，(a)生活スタイルの変化は，消費者のニーズや消費者の行動を変化させた。この消費者のニーズや消費者の行動の変化は，消費構造の変化としてみることができる。

　第三に，国際化の進展と規制緩和である。国際化した市場では，(b)グローバル・スタンダードにあわせることが要請され，わが国の規制が問題とされた。金融業界では戦後の長い間，護送船団方式と呼ばれる金融システムにより，保護と規制に守られていたが，厳しい競争にさらされることとなった。また,1997年には独占禁止法が改正され，(c)他の会社の株式を所有することで，実際にその会社を支配することを目的とする会社の設立が可能となり，大型の企業合同（トラスト）が行われてきた。

　第四に，情報社会の進展である。企業活動において，従来から使用されてきた情報システムも進化を遂げICTの活用は重要となっている。こんにちでは，(d)注文から決済まで通信ネットワークを利用して行われる売買取引によって，取引の効率化，スピード化などに役立っている。

　今後，わが国の企業が成長するためには，国内の外部環境の変化に対して適切に対応するとともに，国外の外部環境の変化に対しても適切に対応することで，グローバル市場での競争力を高めていくことが課題の一つといえるだろう。

問1. 本文の主旨から，下線部(a)の説明として，次のなかから最も適切なものを一つ選びなさい。
　ア．生活スタイルの変化により，消費者のニーズや消費者の行動の均一化・固定化がすすんだ。
　イ．生活スタイルの変化により，消費者のニーズや消費者の行動の多様化・個性化がすすんだ。
　ウ．生活スタイルの変化により，消費者のニーズや消費者の行動の多様化・固定化がすすんだ。

問2. 下線部(b)の説明として，次のなかから適切なものを一つ選びなさい。
　ア．限定された範囲ではなく，世界の国や地域で通用する基準のこと
　イ．特定の国や地域など，限定された範囲で通用する基準のこと
　ウ．メーカーごとに，それぞれ独自に統一された基準のこと

問3. 下線部(c)を何というか，次のなかから適切なものを一つ選びなさい。
　ア．持株会社　　イ．合同会社　　ウ．合弁会社

問4. 下線部(d)を何というか，漢字5文字で正しい用語を記入しなさい。

次の文章を読み，問いに答えなさい。

　昨今の企業は，企業の大規模化により社会的影響力が大きくなると，企業の社会的影響力を考慮した企業経営を社会から求められるようになってきた。

　企業活動は，その(a)企業の利害と行動に直接・間接的な利害関係を有する，消費者や従業員，株主，債権者，仕入先，得意先，地域社会，行政機関など，に支えられて成り立っている。企業は，従業員への給与の支払いや，株主に獲得した利益を配当するなどのため，利益を上げることが求められる。現代ではそれだけでなく，(b)企業規模に関係なく，多くの企業がＣＳＲ（企業の社会的責任）活動に取り組んでいる。

　例えば，わが国の大手精密機器メーカーであるＡ社では，プリンターやコピー機で使用されている，使用済みとなった，微細なインクの粉末であるトナーが充填されたトナーカートリッジの回収を，リサイクル活動の一環として行っている。回収されたトナーカートリッジの量がどれくらいなのかを，ホームページを通じて周知することによって，一人ひとりのリサイクル活動に対する協力が，環境活動につながっていることをわかりやすく示している。

　他の事例として，建設機械・鉱山機械のメーカーであるＢ社をみてみる。Ｂ社は，カンボジアにおける地雷除去作業を行う対人地雷除去機や油圧ショベル，ブルドーザーなどを無償で貸与している。さらに，現地の人が自立して生活の基盤をつくることができるように，機械のメンテナンスや操作方法などのトレーニングを実施している。

　ところで，ＣＳＲはコーポレートガバナンスとも関係している。コーポレートガバナンスの目的の一つに，環境問題や社会貢献などに関して，企業としての社会的責任を果たすよう，企業をコントロールしていくことがある。また，コーポレートガバナンスには，(c)企業が事業目的を達成するために，組織内でルールや基準を整備し，それを運用するしくみづくりが求められる。さらには，情報開示を行ったり，説明責任を果たしたりすることも重要な取り組みとなっている。

　近年は，企業も社会の一員として環境問題や社会貢献活動に取り組むなど，長く将来にわたって着実に成長していくことができるように，長期的な視野に立った経営が重要となっている。

問1．下線部(a)を何というか，カタカナ8文字で正しい用語を記入しなさい。

問2．下線部(b)の目的として，次のなかから最も適切なものを一つ選びなさい。
　ア．企業が，国（政府）の要請に応えることで，法人税や事業税の軽減を図ること
　イ．企業が，労働組合の要請に応えることで，社員の一体感の強化を図ること
　ウ．企業が，社会の要請に応えることで，社会的信用の維持・向上を図ること

問3．下線部(c)を何というか，次のなかから正しいものを一つ選びなさい。
　ア．コンプライアンス　　イ．内部統制　　ウ．モラルハザード

12　次の文章を読み，問いに答えなさい。

　わが国ではさまざまな要因により，多くの企業が海外進出し，企業の国際化やグローバル化が進展している。

　わが国の企業は，1960年代まで加工貿易によって成長してきたが，1970年代にはいると，海外に生産拠点を設立するようになった。海外で生産された製品は，現地で販売するだけでなく，逆輸入するようになった。このように，わが国の企業は，海外での販売や生産などの事業を継続的に行う目的で海外直接投資を行ってきた。わが国の海外直接投資は目的別に分類すると，四つに分けられる。第二次世界大戦後，わが国の海外直接投資が再開されたが，(a)1950年代から1960年代なかばの海外直接投資では，「四大投資」と呼ばれる開発途上国向けの国策的大規模プロジェクトが行われたこともある。

　わが国の企業が海外進出（海外生産拠点の設置）する理由は，投資国側，進出する企業側，受け入れる国側の三つに分けて考えることができる。まず，投資国側の理由としては，国内での賃金の上昇や土地の値上がりなどにより，生産コストが高くなってしまうことや，国内市場の成長率低下，国内の規制，円高の進行などがある。それぞれが，わが国の企業を海外へ押し出すプッシュ要因となっている。次に，進出する企業側の理由としては，(b)企業（親会社）が海外に設立した企業（海外子会社）との間で行われる企業内取引によって発生する利益，さらに取引先が海外進出したことにより，取引を継続するため，やむをえず海外進出せざるを得ない場合もある。最後に，投資を受け入れる国側の理由としては，投資国側の理由とは反対に，賃金や土地の安さ，現地の高い経済成長率や巨大な市場の存在などがあり，その他，豊富な天然資源やさまざまな(c)投資インセンティブなどもあげられる。これらの理由は，海外の企業を自国に引きよせるプル要因となっている。

　今後，わが国の企業の海外進出は，さまざまな環境の変化に影響されながらも，積極的に行われることが予想される。グローバル経済と照らし合わせながら，企業の動向に注目していきたい。

問1．下線部(a)の海外直接投資の目的別の分類として，次のなかから適切なものを一つ選びなさい。
　ア．資源開発型　　　イ．労働力利用型　　　ウ．輸出志向型

問2．下線部(b)を何というか，次のなかから適切なものを一つ選びなさい。
　ア．内部留保　　　イ．国際分業の利益　　　ウ．内部化利益

問3．下線部(c)の説明として，次のなかから最も適切なものを一つ選びなさい。
　ア．将来需要が大きく見込まれそうな産業を保護して育てることで，大きな産業に発展させようとする方策のこと。
　イ．補助金の交付や法人税の減免，電気・水道を優先的に供給するなどの，投資をする外国企業を優遇する方策のこと。
　ウ．海外に進出した企業が，現地で必要とする原材料や備品などを現地企業から調達する割合を高めることで，生産活動の効率化を図る方策のこと。

13 次の文章を読み，問いに答えなさい。

　ベンチャービジネスとは，それまで他の人が手がけてこなかった事業を創造し展開することである。このベンチャービジネスは，今後の経済発展に大きな影響を与える可能性がある。現在，その育成のために，人材・技術・施設・資金などの面で支援が行われている。

　まず，人材・技術面では，産学連携がすすんでいる。技術面では，(a)大学の研究成果や技術を，ベンチャー企業をはじめとする民間企業に移転するための機関が設立され，産業界への技術移転が促進されている。現在，バイオ・医薬品分野は，最も産学連携が促進されている分野となっている。

　次に，施設面では，(b)ベンチャー企業育成のため，地方自治体が創業期のビジネスに対して，割安な賃料で研究室や事務所などの施設を提供するといった支援がある。

　さらに，資金面では，(c)ベンチャービジネスに投資する民間の会社による支援やベンチャービジネスに投資する個人投資家による支援，公的機関による支援がある。ただし支援を受けるには，情報公開や経営管理能力が要求される。

　ところで，ベンチャービジネスに挑戦する企業は二つに大別される。一つは，独立ベンチャーで，もう一つは，(d)企業(社内)ベンチャーである。独立ベンチャーは，一人または複数の独立した起業家が中心となっておこした企業であり，企業ベンチャーは，既存企業の社員が企業内でおこした企業である。起業を成功させるためには，先見性と新事業についての豊富な知識・技術とともに，チャレンジ精神と努力が必要となる。

　今後，わが国のさらなる経済発展のためには，ベンチャービジネスに対する，人材・技術・施設・資金などの面での支援制度を強化するとともに，支援制度をうまく活用することが重要となる。

問1. 下線部(a)に記された機関を何というか，アルファベット3文字で適切な用語を記入しなさい。

問2. 下線部(b)のような提供者を何というか，次のなかから正しいものを一つ選びなさい。
　ア．アントレプレナー　　イ．インキュベーター　　ウ．ホワイトカラー

問3. 下線部(c)を何というか，次のなかから正しいものを一つ選びなさい。
　ア．エンジェル　　イ．ベンチャー財団　　ウ．ベンチャーキャピタル

問4. 下線部(d)を導入する既存企業の利点は何か，次のなかから最も適切なものを一つ選びなさい。
　ア．既存企業の通常の業務では経験することが難しいさまざまな経験をすることで，起業に携わった社員の大きな成長を期待することができる。
　イ．既存企業から人材や資金などの援助をする必要がないので，既存企業の経営コストを増加させることなく，新規事業の企画や開拓をすることができる。
　ウ．既存企業が起業を積極的に推進することで，金融機関からの既存企業に対しての信頼性が高まり，資金の借り入れを容易に行うことができる。

14 次の文章を読み，問いに答えなさい。

　高知県のA村は，人口が1,000人ほどの村で，森林面積が96％という山間部にもかかわらず，ゆずの加工品の生産によって地域活性化に成功している。

　A村はもともと林業が中心の村であったが，輸入木材におされて林業が衰退し，過疎と高齢化が進む一方であった。そこで，新たなビジネスを創造するために，(a)地域の伝統的な技術やノウハウなどをもとに新しい商品ができないか，または，地域に新しいビジネスになるような資源はないかと考えた。そして，1963年，最終的にたどりついたのが，日常生活のさまざまな場面で使われていた「ゆず」だった。A村は，しばらくの間はゆずの販売で持ち直していたものの，県内外に競合する商品が続々と出現し，林業と同様に再び価格が下落する事態となった。このままでは生き残れないということで，1975年頃からゆずを加工品にして販売することにした。

　初めは，ゆずの佃煮を販売したが，売り上げは伸びなかった。その後も，全国のイベントをめぐりながら営業活動を続け，試行錯誤してたどりついたのがゆずの搾り汁であった。しかし，これも思うように売り上げを伸ばすことができなかった。さらに試行錯誤を続けた結果，ついに1988年に大ヒット商品となった商品の開発に至った。この年の売上高は1億円を超え，1990年代にはいると，ゆずの加工品の売上高が2億円を超えて販売事業が軌道に乗り，その後も売上高は順調に増加していった。2000年には，(b)インターネットを利用して通信販売をスタートさせた。そして，通信販売の効果もあり，2005年には売上高が30億円を突破し，年間観光客が村民の約50倍まで増加したのである。

　その後，農業協同組合のＷｅｂサイトやアンテナショップなどで販売されていた商品は注目され，(c)テレビ番組内で商品が取り上げられて紹介されることもあった。A村では，ゆずを実だけではなく種や果皮，搾りカスにいたるまで捨てることなく無駄なく全てを商品化し，関連商品を続々と開発している。

　A村のゆずの生産農家は約190件余りで，高齢化がすすみ，今後，耕作放棄地が出る可能性が危惧される。ゆずの加工品事業を通じて，村に長期的な雇用が生まれれば，村から都市部に移住した若者が村に戻って生活することや，(d)都市部で生まれ育った人が村に移住することも考えられ，A村がかかえる過疎化と高齢化の問題の解決策として期待されている。

第36回検定

問1．下線部(a)のようなアイデアの発想を何というか，カタカナ3文字を補って正しい用語を完成させなさい。

問2．下線部(b)のねらいの一つとして，次のなかから適切なものを一つ選びなさい。
　ア．広く情報発信することで，顧客数を増加させ売り上げを伸ばすこと
　イ．商品の配送作業や配送料金の負担など，物流の手間や費用を削減し効率化すること
　ウ．顧客の氏名や性別，年齢，住所など，顧客情報が外部に漏洩する危険をなくすこと

問3．下線部(c)を何というか，次のなかから正しいものを一つ選びなさい。
　ア．モニタリング　　イ．パブリシティ　　ウ．コンサルティング

問4．下線部(d)を何というか，次のなかから適切なものを一つ選びなさい。
　ア．Ｉターン　　イ．Ｊターン　　ウ．Ｕターン

第37回（令和4年度）
商業経済検定試験問題
〔ビジネス経済B〕

解答上の注意

1．この問題のページはp.88からp.101までです。
2．解答はすべて別紙解答用紙（p.111）に記入しなさい。
3．文字または数字で記入するもの以外はすべて記号で答えなさい。
4．計算用具などの持ち込みはできません。
5．制限時間は50分です。

※　試験終了後，問題用紙も回収します。

1 次の文章を読み，問いに答えなさい。

　一般に，経済が発展するにつれて，産業の重心は第一次産業から第二次産業へ，そしてサービス業が主体の第三次産業へと比重が移っていく傾向があるといわれる。

　このように，(a)一国の産業全体がどのような比重で構成されているのかといった，一国の産業全体における各種産業間の関係が変化する理由としては，経済の発展にともなって国民の所得水準が上昇することによる，消費者の財・サービスに対する需要の変化があげられる。また，技術革新も変化をうながす理由としてあげることができる。とくに，ＩＣＴ（情報通信技術）の革新は，経済社会だけではなく，国家や地域社会のしくみ，日常生活に大きな影響を及ぼしている。

　自動車メーカーのＡ社は，(b)ＩＣＴによって電力使用量を効率的に管理するしくみで，住宅や電気自動車などで使用されるエネルギー消費を統合的にコントロールする独自の情報管理システムを開発した。このシステムは，居住者の生活に応じた最適なエネルギー消費計画を立て，電気自動車の充電を制御するなど，エネルギーを計画的に利用することができる。

　さらにＡ社は，このシステムを発展させるために，情報通信会社と資本・業務提携した。これにより，Ａ社の自動車と，情報通信会社が提供する通信サービスを融合させた自動運転技術が開発され，より安全な移動が可能となり，顧客の利便性がさらに高まることになる。

　第二次産業に分類される自動車製造業は，近年，安全意識の高まりに配慮したビジネスが求められている。(c)Ａ社は，このような消費者のニーズに柔軟に対応しながら，新たな付加価値を提供しようとしている。

　戦後，わが国の経済発展は，国民の所得水準を増加させ，消費者の嗜好の多様化をうながした。そして，わが国のサービス業の割合が上昇した理由の一つである，財からサービスへの需要の変化によって，(d)エンゲル係数も低下することとなった。しかし，2005年を境に，その数値が上昇に転じている。これは，高齢化や物価上昇など消費を取り巻くさまざまな要因が考えられる。

　今後，わが国の経済がどのように発展していくのか，需要の変化を捉えながら，注視していくことが必要である。

問１．下線部(a)を何というか，漢字４文字で正しい用語を記入しなさい。

問２．本文の主旨から，下線部(b)を何というか，次のなかから最も適切なものを一つ選びなさい。
　ア．リスク・プレミアム　　　イ．スマート・グリッド　　　ウ．モニタリング

問３．本文の主旨から，下線部(c)の内容として，次のなかから最も適切なものを一つ選びなさい。
　ア．わが国の第二次産業の割合を大きくするために，自動車製造に集中する経営方針
　イ．国内の自動車生産台数第１位を維持するために，自動車の効率的な生産技術
　ウ．顧客の利便性を高めるために，自動車と通信サービスを融合させた自動運転技術

問４．下線部(d)の説明として，次のなかから適切なものを一つ選びなさい。
　ア．家計の総支出に対する飲食費の割合
　イ．家計の総収入に対する貯蓄額の割合
　ウ．家計の可処分所得に対する消費支出の割合

② 次の文章を読み，問いに答えなさい。

　新しいサービス業が誕生することは，私たちの生活に快適性や楽しさ，よろこびを与えることに加え，企業に対して，企業経営の効率化に大きな役割を果たしている。

　このようなサービス産業は，サービスを提供する対象によって，対個人サービス産業と対事業所サービス産業に大別することができる。さらに，対個人サービス産業は，生活支援関連サービス業，健康・医療関連サービス業，生活情報関連サービス業，(a)余暇関連サービス業の四つに分類され，対事業所サービス産業は，代行関連サービス業，人材派遣関連サービス業，情報関連サービス業の三つに分類される。

　ここでは，対事業所サービス産業についてみてみる。一つ目の代行関連サービス業では，近年，多くの企業で取り入れられているアウトソーシングの需要が増加している。企業は，アウトソーシングによって競争力を強化し，経営コストの削減を図っている。二つ目の(b)人材派遣関連サービス業では，日常的に派遣社員を求める企業が増えたり，高度の専門的な技術・知識を備えた人材を派遣する人材派遣サービス業が登場したりするなど，人材派遣サービス業が進展している。三つ目の情報関連サービス業では，情報社会の進展によって，企業経営にとって情報の重要性が増したことで，各種の最新情報を提供する新たなサービス業が登場している。また，情報化により，企業内や企業間で使用されるシステムの開発を行うサービス業に対する需要が増大している。

　ところで，サービスには有形の商品にはない四つの特徴があり，有形の商品と比べて，経営上むずかしい面がある。しかし，うまく対応を講じることができれば，他社との差別化を図り，競争を有利に展開することができる。その一つの例として，(c)ファミリーレストランで，接客マニュアルを作成し，接客マニュアルにしたがって顧客にサービスを提供することがある。

　今後，私たちのライフスタイルや企業を取り巻く環境の変化により新たなサービス業がうまれ，将来の日本経済を牽引するようなサービス産業へと成長することを期待したい。

問１．下線部(a)の具体例として，次のなかから適切なものを一つ選びなさい。
　ア．高齢者向けに専用機器を設置し，体調が悪くなった時に緊急ボタンを押すと受信センターに通報され，パトロール隊員が駆けつける緊急通報サービス。
　イ．買い物に行くことがむずかしい買い物弱者や共働き世帯などに，日常の買い物や掃除，料理などの家事の支援を行う家事代行サービス。
　ウ．自由に使える時間を有意義に楽しく過ごしたいという人に，芸術鑑賞やスポーツ観戦など，さまざまな娯楽を提供する娯楽サービス。

問２．下線部(b)の背景として，次のなかから最も適切なものを一つ選びなさい。
　ア．人材派遣分野の規制緩和がすすみ，派遣業務がさまざまな職種に拡大されたこと
　イ．人材派遣分野の規制緩和がすすみ，派遣業務が特定の職種に縮小されたこと
　ウ．人材派遣分野の規制強化がすすみ，派遣業務が特定の職種に縮小されたこと

問３．下線部(c)のような対策は，サービスのどの特徴に対するものか，次のなかから最も適切なものを一つ選びなさい。
　ア．同時性(不可分性)　　イ．変動性(不均一性)　　ウ．消滅性(非貯蔵性)

3　次の文章を読み，問いに答えなさい。

　こんにち，企業活動は国境を越え，人，物，金，情報がグローバルに展開されている。このような，グローバル化の主体からみると，企業と人，物のグローバル化は，ボーダーレスに移動することが困難であるため，各国の政府は地域経済統合で解決を図ろうとしてきた。

　例えばヨーロッパでは，1993年に発効したマーストリヒト条約によってEU（欧州連合）が創設された。さらにEUは，1998年に経済・通貨同盟の計画に沿って，(a)欧州中央銀行を設立し，1999年，加盟国のうち11か国で，欧州単一通貨ユーロが資本・金融取引に導入された。しかしながら，(b)2010年に，ギリシャの財政赤字が発端となって，ユーロの通貨価値が崩壊する恐れが高まったユーロ危機のように，ユーロには課題も多い。

　近年，中央銀行デジタル通貨と呼ばれるデジタル化された法定通貨の議論がすすんでおり，現金の機能を補い，代わりとなる決済手段として，世界各国で調査・検討が始まっている。このような動きは，(c)金（資本・金融）と情報のグローバル化がボーダーレスに進展していることを表している。例えば中国では，デジタル人民元の導入に積極的である。中国人民銀行は実際にデジタル人民元を流通させて，消費者が小売店で決済できるような実証実験を行っている。

　このような，現金の代わりとなるデジタル通貨を中央銀行が発行することについては，多くの中央銀行が慎重な姿勢を維持している。しかし，すでにデジタル化されている中央銀行の債務の情報を，新しい情報技術を使ってより便利に活用できないかという議論もある。そこで，日本銀行は欧州中央銀行と共同で，分散型台帳技術（ブロックチェーン技術）と呼ばれる新しい情報技術に関する調査を開始している。

問1．下線部(a)の略称を何というか，次のなかから適切なものを一つ選びなさい。

　ア．ECB　　イ．EMS　　ウ．EMU

問2．下線部(b)の背景として，次のなかから適切なものを一つ選びなさい。

　ア．金融政策に関してはユーロ加盟各国にゆだねられているのに対し，財政政策に関してはユーロ圏内で一元化されていることが考えられる。

　イ．金融政策に関してはユーロ圏内で一元化されているのに対し，財政政策に関してはユーロ加盟各国にゆだねられていることが考えられる。

　ウ．金融政策や財政政策が，すべてユーロ加盟各国にゆだねられているため，ユーロ圏が一つの政府のように政策を実行できないことが考えられる。

問3．本文の主旨から，下線部(c)の内容として，次のなかから最も適切なものを一つ選びなさい。

　ア．社内の公用語をすべて英語にすることによって，国境を意識することなく人的資源を有効に活用することができるようになったことを表している。

　イ．インターネットの発達によって，国境を意識することなく，瞬時に送金したり情報を手に入れたりすることができるようになったことを表している。

　ウ．デジタル通貨を発行することによって，国境を意識しながら自国のみで使用できる通貨の種類を増やすことができるようになったことを表している。

4 次の文章を読み，問いに答えなさい。

国際取引によって発生する一国の受け取りと支払いの差額である国際収支は，経常収支，資本移転等収支，金融収支，および誤差脱漏の項目から成り立っている。これらの(a)収支項目の関係は，「経常収支＋資本移転等収支－金融収支＋誤差脱漏＝０」という計算式で表すことができる。

国際収支は，経済発展にともなうそれぞれの時代で特徴があり，これを一つの理論にまとめたものが，国際収支の発展段階説（表１）である。この理論に当てはめて，わが国の特徴をみてみる。

表1：国際収支の発展段階説

| 項　　目 | 債務国 | | | 債権国 | | |
	第1段階	第2段階	第3段階	第4段階	第5段階	第6段階
経　常　収　支	－ －	－	＋	＋＋	＋	－
貿　易　収　支	－	＋	＋＋	＋	－	－ －
第一次所得収支	－	－ －	－	＋	＋＋	＋
金　融　収　支	－ ＋	－	＋	＋＋	＋	－

＋＋：大幅な黒字　＋：黒字　－：赤字　－－：大幅な赤字

わが国の国際収支の推移（表２）をみると，2013年から2020年の第一次所得収支は，大幅な黒字となっている。一方，貿易収支は，小幅の黒字と赤字を行き来しながら平均値は，赤字を示しているような状況にある。そこで，(b)右表２の状況を，上表１に当てはめてみると，わが国がどのような発展段階を経ているのか，推測することができる。

表2：わが国の国際収支の推移　（単位：億円）

項　　目	1997〜2004年	2005〜2012年	2013〜2020年
経　常　収　支	141,948	158,783	154,370
貿　易　収　支	73,531	30,679	－ 27,078
第一次所得収支	78,343	139,701	200,406
金　融　収　支	138,208	164,478	167,461

それぞれ8年間の平均値（出所：財務省統計より作成）

わが国の対外純資産は，2020年末時点で356兆円を超えており，世界最大の債権国といわれる。さらに，(c)対外純資産に，国内の工場・店舗，さらには土地・地下資源・漁場などの資産を加えたもので，付加価値をうみ出すことができる資産は，3,638兆円を超えている。

今後も，わが国の経済発展を長期的な視点で捉える資料として，この理論は活用したい。

問1．下線部(a)の理由として，次のなかから適切なものを一つ選びなさい。
　ア．国際収支は，国際分業の利益によって作成されているため。
　イ．国際収支は，資源の最適配分によって作成されているため。
　ウ．国際収支は，複式簿記の原理によって作成されているため。

問2．本文の主旨から，下線部(b)の内容として，次のなかから最も適切なものを一つ選びなさい。
　ア．わが国は，第4段階から第5段階へ移行していることが推測できる。
　イ．わが国は，第5段階から第6段階へ移行していることが推測できる。
　ウ．わが国は，第6段階から第1段階へ移行していることが推測できる。

問3．下線部(c)を何というか，次のなかから適切なものを一つ選びなさい。
　ア．信用格付　　イ．日銀特融　　ウ．国富

5　次の文章を読み，問いに答えなさい。

　アメリカにあるグローバル企業のA社が開発したスマートフォンには，「デザインはA社があるアメリカの都市で行い，組み立ては中国で行う」というような表記がされており，生産国を伝えるような「メイド・イン」という表記が使われていない。これは，A社が開発した製品は，世界各国で生産された部品を製造委託された中国の企業が輸入し，完成品を組み立てた上で世界中に輸出していることを意味している。

　世界的に近年の貿易構造をみると，(a)垂直貿易から水平貿易に変化しているといわれる。また，A社の製品を生産している事業所の立地を国・地域別に見ると，中国が最も多く，次に日本，ASEAN諸国が続いている。このようなビジネスのグローバル化にともない，世界の貿易総額のなかで，先進国に対して，(b)中国やインドのような，一般に1990年代以降，著しく高い経済成長を遂げている国々が占める割合は，上昇している。

　これまでわが国では，アジア諸国で工業化がすすむと同時に，1985年のプラザ合意後の急激な円高によって価格競争力を失った製造業が，製造コストを抑えようとして生産拠点を海外に移転させる動きが活発化した。そのため，(c)生産拠点が海外に移転することによって，国内産業が衰退していく現象につながりかねない課題があった。しかし，A社のようなグローバル企業のビジネスでは，企業がどの国に属して，どの国で生産されているのか，ということよりも，国際的な製品の生産に対し，どれだけ自国の部品を提供できたのかどうかが重要となっている。このような，グローバル化が進展するなかで，国境上のさまざまな障壁を取りのぞき，自由貿易を拡大・推進できるのは，(d)貿易に関連する，さまざまな国際ルールを定めているWTOによって，新たな課題への取り組みが行われているからである。

　A社の製品のような，高度で複雑な多国間の国際分業構造のなかで，わが国の企業は，いかに国際的な製品の生産に加わり，付加価値を提供していくのか，その重要性が増してきている。

問1．下線部(a)の説明として，次のなかから最も適切なものを一つ選びなさい。

　ア．ある政府が，国内産業を保護するために，輸入品に関税をかけたり，輸入品の数量を制限したりする貿易政策のこと。

　イ．ある国が，原材料などの一次産品を輸出し，他の国がそれに付加価値をつけて工業製品とし，それを輸出するというような国際分業のこと。

　ウ．ある企業が，生産工程の一部を海外で行う場合，海外で生産した部品を本国に輸入し，完成品を組み立てた上で輸出するような同一企業内で行われる貿易のこと。

問2．本文の主旨から，下線部(b)を何というか，次のなかから最も適切なものを一つ選びなさい。

　ア．新興国　　イ．原産国　　ウ．最恵国

問3．下線部(c)を何というか，漢字5文字で正しい用語を記入しなさい。

問4．下線部(d)の説明として，次のなかから適切なものを一つ選びなさい。

　ア．1947年にジュネーブで調印された，関税及び貿易に関する一般協定と呼ばれる国際協定

　イ．1994年に域内の関税を全廃し，金融や投資の自由化をめざす北米自由貿易協定

　ウ．1995年に設立され，2022年現在，164か国・地域が加盟している世界貿易機関

6 次の文章を読み，問いに答えなさい。

国際間の取引となる外国為替には，さまざまな特徴がある。そこで企業には，その特徴をよく理解して事業をすすめることが求められている。

例えば，世界のすべての銀行を対象にした，中央銀行としての役割を果たすような機関が存在しないため，(a)外国為替の取引では，コルレス契約をむすぶことが必要である。また，ある国の通貨と，他の国の通貨との交換比率である外国為替レートを考慮に入れなければならない。

外国為替レートの影響を強く受けるビジネスとしては，ほとんどの商品を100円均一の価格で販売する，100円ショップがある。2022年4月28日の(b)ニューヨーク外国為替市場では，同年3月末の時点では，1ドル＝121円であった水準が，20年ぶりに1ドル＝131円の水準となり，通貨の交換比率が変わったことで，100円ショップの収益にも影響を及ぼした。なぜなら，取り扱う商品の多くが海外で生産され，輸入した商品であり，その支払いがドル建て債務になっていたからである。(c)外国為替の決済方法には，債権者が債務者から資金を取り立てる方法と，債務者から債権者に向けて決済をする方法があり，貿易代金の決済は前者の方法が多い。

一方，このような外国為替レートのなかで，家具・インテリア用品の製造小売業であるA社は，商品の値下げキャンペーンを実施した。A社は，原材料費の高騰などの影響を受けていた。しかし，外国為替レートが変動してもこれまでの価格を維持するために，2022年9月まで，1ドル＝114円90銭で取引できるように，(d)取引銀行と，あらかじめ決められた外国為替レートで円とドルを交換する契約を行っていた。そのため外国為替レートが1ドル＝131円の水準になっても，114円90銭で代金決済ができたのである。

2022年10月20日時点で，外国為替レートは，1ドル＝150円の水準となった。国際間の取引を行う企業は，今後も外国為替レートの影響を受けながら，さまざまな対策を講じていくことになる。

問1．下線部(a)の説明として，次のなかから適切なものを一つ選びなさい。

　ア．各国の政府が，特定の商品の輸入が国内産業に重大な損害を与えないように，輸入量について契約をむすび，関税を調整すること。

　イ．各国の中央銀行が，自国通貨の為替レートの変動幅をきわめて狭い範囲内に抑えることについて各国と契約をむすび，市場介入すること。

　ウ．各国の銀行が，相手国の取引先銀行との間で外国為替取引についての契約をむすび，個々に決済を行うこと。

問2．下線部(b)の理由として，次のなかから適切なものを一つ選びなさい。

　ア．ドルの価値が上昇して，円の価値が下落したため。

　イ．ドルの価値が下落して，円の価値が上昇したため。

　ウ．ドルの価値が上昇して，円の価値も上昇したため。

問3．下線部(c)を何というか，次のなかから適切なものを一つ選びなさい。

　ア．逆為替　　イ．並為替　　ウ．順為替

問4．本文の主旨から，下線部(d)を行うことを何というか，漢字4文字を補って正しい用語を完成させなさい。

7 次の文章を読み，問いに答えなさい。

　わが国の証券取引所のなかで，上場企業数と株式売買高の9割以上が集中している東京証券取引所は，2022年4月4日より，下図のような三つの新市場区分に変更された。

　株式の市場取引は，証券取引所を中心に展開される。また，証券取引所が，特定銘柄を取引の対象に加えることを上場という。これまで，わが国の証券取引所は，(a)相対的にきびしい上場基準のもとで，規模が大きく歴史のある企業が多く上場される市場と，成長性のある若い企業が多くを占める新興市場を併設していた。しかし，各市場区分の考え方や狙いがあいまいで，新規上場基準よりも上場廃止基準が低いという課題があった。そこで，新市場区分では，上場後においても継続して各市場区分の新規上場基準の水準を維持していくことが求められるようになった。

　2001年以降，(b)企業が設備投資の拡充や販売経路の拡大などを目的に，株式市場で新株を発行して資金を調達することは，原則として発行価格に時価を用いることとなっている。また，時価総額は，企業の価値を評価する一つの材料となっている。例えば，新市場区分では，(c)上場時の時価総額に基準はないが，上場10年経過後に40億円以上の時価総額となることが上場維持基準となっている市場もある。この市場に上場するような企業は，事業実績の観点から相対的にリスクが高いが，大きく成長できる可能性を有する企業を想定している。

　今回の市場区分見直しは，投資家にとってわかりやすい市場区分を構成している。今後も，上場企業の持続的な成長を支え，魅力的な市場を提供するための方策となるのか，注目していきたい。

東京証券取引所の旧市場区分と新市場区分

旧市場区分			
(a)		**新興市場**	
市場第一部		マザーズ	
市場第二部		ジャスダック	
		スタンダード	
		グロース	

変更 →

新市場区分		
プライム市場	**スタンダード市場**	**グロース市場**
グローバルな投資家との建設的な対話を中心に据えた企業向けの市場	公開された市場における投資対象として十分な流動性とガバナンス水準を備えた企業向けの市場	高い成長可能性を有する企業向けの市場

（出所：日本取引所グループ　Ｗｅｂサイトより作成）

問1．下線部(a)および図中の　(a)　に共通して当てはまる市場は何か，次のなかから適切なものを一つ選びなさい。

　ア．本則市場　　　イ．債券市場　　　ウ．投資市場

問2．下線部(b)を何というか，次のなかから適切なものを一つ選びなさい。

　ア．買収　　　イ．増資　　　ウ．公開

問3．本文の主旨および図中から，下線部(c)に当てはまる市場として，次のなかから最も適切なものを一つ選びなさい。

　ア．グローバルな投資家との建設的な対話を中心に据えた企業向けのプライム市場である。

　イ．市場における投資対象としてガバナンス水準を備えた企業向けのスタンダード市場である。

　ウ．高い成長可能性を有する一方，相対的にリスクが高い企業向けのグロース市場である。

8 次の文章を読み，問いに答えなさい。

岸田内閣総理大臣は，2022年5月5日の講演のなかで，自身が推進する経済政策である「新しい資本主義」の具体策として，「資産所得倍増プラン」を表明した。

私たちの資金は，証券会社や銀行など，金融機関と呼ばれる専門機関で運用されることが多い。例えば，証券会社では資金の運用手段を多様な金融商品の形で提供することにより，赤字主体の資金需要に応えようとしている。証券会社の業務には，ブローキング，アンダーライティング，セリング，(a)ディーリングと呼ばれるものがある。これらの業務により，資金を調達する企業は，多くの投資家を自身で募る費用を大幅に節約することができる。今回の講演でも，投資による資産所得倍増の実現について述べられている。

一方，銀行では，預金者が銀行に預け入れた余裕資金を，銀行が適切と判断した赤字主体に融資したり，有価証券に投資したりする。また，(b)銀行が需要者に貸し出した資金が，預金として戻ってきて，その預金をふたたび貸し出すことを繰り返して，当初の預金範囲を超えての与信が可能となる機能によって，銀行全体として，最初に受け入れた預金額の何倍もの預金通貨をつくり出すことができる。

わが国の家計をみてみると，(c)2020年度の家計貯蓄率が急上昇した。家計の貯蓄は，2000年ごろから，貯蓄率を急速に低下させていた。これは，景気の悪化にともなって所得が減少したことや，わが国の高齢化が進展したことで引退した世代による貯蓄の取り崩しが増えたことなどが考えられる。しかし，2020年度に新型コロナウイルス感染症対策として，政府が給付した特別定額給付金の一部が，貯蓄に回されたことや，家計の最終消費支出が約18兆円減少したことによって，結果的に家計の貯蓄は約30兆円も増加することになった。

そのような状況のなかで，今回の講演では，(d)2001年小泉内閣時代，構造改革のための方針の一つとしてうち出されたスローガンが，ふたたび使われた。

わが国の財政をみると，公共事業などの投資に不足する分は，公債の発行によってまかなわれている。毎年発行される大量の公債は，わが国の財政状態に深刻な影響を与えていることを忘れてはならない。

問1．下線部(a)の説明として，次のなかから適切なものを一つ選びなさい。
　ア．証券会社が，投資家の注文を流通市場に取りつぐ委託売買業務
　イ．証券会社が，自己資金で証券の売買を行う自己売買業務
　ウ．証券会社が，企業が発行した証券を買い取り投資家に販売する引受業務

問2．下線部(b)を何というか，漢字4文字で正しい用語を記入しなさい。

問3．本文の主旨から，下線部(c)の背景として，次のなかから最も適切なものを一つ選びなさい。
　ア．景気の悪化で所得が減少したが，高齢化の進展で貯蓄が取り崩されたことが考えられる。
　イ．新型コロナウイルス感染症対策で収入が減少し，消費支出も増加したことが考えられる。
　ウ．政府の給付金の一部が貯蓄に回されたことに加え，消費支出が減少したことが考えられる。

問4．下線部(d)の内容について，次のなかから正しいものを一つ選びなさい。
　ア．「所得を貯蓄へ」　　イ．「貯蓄から投資へ」　　　ウ．「投資から納税へ」

次の文章を読み，問いに答えなさい。

　戦後わが国は目覚ましい発展を遂げ，世界有数の経済大国となった。その発展の要因には，日本的経営の存在がある。日本的経営の特色は，資金調達の財務面，雇用慣行の面，意思決定の方法の三つの側面にみることができる。

　まず，ビジネスに必要な資金を調達する財務面での特色は，欧米の企業では直接金融が中心であったのに対し，わが国の企業は間接金融が中心であったということである。しかし，現在のわが国の企業における資金調達は，直接金融の比率が著しく高まっている。

　次に，雇用慣行の面の特色は，三種の神器といわれる三つの特徴にみることができる。まず，一つ目の特徴は，(a)正規採用した労働者は，定年まで雇用する終身雇用という慣行である。このシステムは，わが国の総合電機メーカーであるA社の創業者の経営思想からうまれたといわれている。A社の創業者は，1929年に発生した世界恐慌のあおりを受け，工場の稼働率が低下した際，従業員全員の雇用を維持した。このことによって，A社は従業員と社会から大きな信頼を得て，その後急成長を遂げることになった。二つ目の特徴は，(b)年功賃金という賃金形態である。そして三つ目の特徴としては，労働組合が職業別や産業別に企業横断的に形成されるのではなく，企業や事業所ごとに形成される企業別組合が一般的ということである。これら三つの特徴は，「人間中心の経営」「長期的視点に立った経営」であり，わが国の経済発展を支えてきた企業経営の土台である。

　最後に，わが国の企業の集団的意思決定についてみてみる。わが国の多くの企業では，関係する各部課や人に事前に説明して了承を求め，できる限り全員の合意を得る努力がなされることが多い。この方式は，(c)ボトムアップの意思決定といえる。この意思決定の方式では，決定までに時間がかかり，責任の所在もあいまいになるという欠点がある。それに対して，欧米の企業では，わが国と異なり，(d)上司が意思決定し，部下に命令するという意思決定の方式が特色となっている。

　今後，わが国を世界有数の経済大国に発展させた日本的経営の良さを残しつつ，グローバル化に対応した新しい日本的経営の確立が国際競争を勝ち抜くために必要となる。

問１．下線部(a)の企業側の利点として，次のなかから適切なものを一つ選びなさい。
　ア．帰属意識の強い従業員を育成でき，技能の伝承がしやすいこと
　イ．事業の縮小や拡大にあわせて，従業員数が適正人数になるように調整がしやすいこと
　ウ．従業員の成果に見合った賃金を支払うことで，従業員の士気を高めることができること

問２．下線部(b)の説明として，次のなかから適切なものを一つ選びなさい。
　ア．従業員の労働に対し，能力(知能・人格・体力・技能など)に応じて賃金を決定する制度
　イ．従業員の業績や成果に対し，その貢献度を評価して賃金や昇給を決定する制度
　ウ．従業員の年齢や勤続年数に応じて，重要な仕事に就き賃金が上がるという制度

問３．下線部(c)の一例として，次のなかから最も適切なものを一つ選びなさい。
　ア．内部統制　　イ．指名委員会等設置会社制度　　　ウ．稟議制度

問４．下線部(d)を何というか，カタカナ６文字を補って正しい用語を完成させなさい。

10 次の文章を読み，問いに答えなさい。

　企業が成長するためには，さまざまな外部環境の変化に対して，適切に対応することが必要である。ここでは，わが国の企業を取り巻く外部環境の変化についてみてみる。

　まず，国内での外部環境の変化である。さまざまな変化のなかに，少子高齢化と人口減少という変化がある。このような状況のなかで，社会に対しては，安心して子どもを産み育てることができる環境づくりが求められている。一方，企業は，仕事と子育てが両立できる職場環境の整備，さらには，(a)ワーク・ライフ・バランスの実現などへの対応が課題となっている。

　次に，国外での外部環境の変化である。戦後，急速な経済成長を成し遂げ，競争力をもつようになったわが国の企業は，グローバル・スタンダードにあわせることを求められるようになり，わが国の規制が問題とされた。しかし，広範な規制緩和が急速にすすむと，国民生活や社会的弱者に弊害が生じることが考えられることから，(b)安心と安全を提供する，社会保障のしくみを構築するというように，弊害に配慮しながら規制緩和をすすめることが必要となっている。

　金融システムの改革をみてみると，戦後の長い間，(c)金融業界は護送船団方式によって，保護と規制に守られていたが，国際競争力を強めるため抜本的改革がすすめられた。護送船団方式に似たものは，他の業界でも存在し，わが国の企業が苦戦を強いられた要因にもなっていた。1997年には，独占禁止法が改正され，企業の公正かつ自由な競争が促進された。この改正により，持株会社の設立が可能となったことで，(d)大型のトラスト（企業合同）が行われるようになった。

　今後の経営戦略を検討するうえで，企業はさまざまな外部環境の変化に注目し，柔軟に対応することが重要である。

問1．下線部(a)の説明として，次のなかから適切なものを一つ選びなさい。
　ア．仕事内容と賃金のバランスをとることで得られる相乗効果・好循環のこと
　イ．仕事と生活を調和させることで得られる相乗効果・好循環のこと
　ウ．仕事内容と自己の適性を一致させることで得られる相乗効果・好循環のこと

問2．下線部(b)を何というか，次のなかから適切なものを一つ選びなさい。
　ア．セーフガード　　イ．コンプライアンス　　ウ．セーフティネット

問3．下線部(c)の説明として，次のなかから適切なものを一つ選びなさい。
　ア．最も力の強い金融機関にあわせて規制の条件を定めることで，金融機関の統合・合併による再編により既存のすべての金融機関の存続を図る金融システム。
　イ．最も力の弱い金融機関にあわせて規制の条件を定めることで，過度の競争を避けて既存のすべての金融機関の存続を図る金融システム。
　ウ．金融機関の規模にあわせて規制の条件を定めることで，規模による競争力の格差をなくし公平な競争をさせることで既存のすべての金融機関の存続を図る金融システム。

問4．下線部(d)の目的として，次のなかから最も適切なものを一つ選びなさい。
　ア．同じ業種の複数の企業と合併して一体化することで，独占的な利益を得ること
　イ．異なる業種の複数の企業と合併して一体化することで，事業の多角化を図ること
　ウ．海外の複数の企業と合併して一体化することで，企業のグローバル化を促進すること

11 次の文章を読み，問いに答えなさい。

　現代の企業は，社会の構成員としての自覚をもち，社会的役割を果たすことが求められている。

　戦後，わが国では，生産水準を高めて先進国に追いつくことをめざした時代から現代に至るまで，企業に求められる社会的役割は変化してきた。しかし，求められる役割が変化しても，その時代の(a)社会の目的や価値に照らして，のぞましい政策を立て，それを実行に移すことが社会から企業に求められる責任である。

　A社は，わが国の貨物鉄道輸送の大部分を担う企業である。貨物鉄道輸送の特性としては，長距離輸送や大量輸送が真っ先に挙げられるが，もう一つ重要な特性がある。それは，地球温暖化の一因とされるCO_2（二酸化炭素）排出量が，さまざまな輸送機関のなかで最も少ない輸送手段であるということである。

　ところで，A社では，CO_2排出削減効果を金額換算することで，環境負荷の低減につながる設備投資を，投資判断の基準とする制度の導入をすすめ，輸送以外の部分でも環境への積極的な取り組みを行っている。さらに，荷主企業（発荷主・着荷主）との連携によるCO_2排出削減に取り組んだり，(b)スイスのジュネーブに本部を置く，1996年に国際的な民間団体により制定された環境管理・監査の国際認定規格の認証をわが国の鉄道会社で初めて取得したりしている。この認証の取得は，製造業や建設業など多くの業種で増加している。このように，(c)環境負荷の低減に多くの企業が取り組んでいる。

　環境問題に限らず，企業の果たすべき社会的責任はますます大きくなっていくことが考えられる。今後の企業の取り組みに期待したい。

問1．本文の主旨から，下線部(a)を何というか，アルファベット３文字で正しい用語を記入しなさい。

問2．下線部(b)に記された国際的な民間団体を何というか，次のなかから適切なものを一つ選びなさい。
　　ア．ISO　　イ．JIS　　ウ．ANSI

問3．下線部(c)の背景として，次のなかから最も適切なものを一つ選びなさい。
　　ア．投資家からより多くの利益の配分を期待される投資ファンドの動きが，企業経営に大きな影響を与えるようになってきたこと。
　　イ．消費者の環境管理を徹底している企業を支持する考え方に沿った動きが，企業経営に大きな影響を与えるようになってきたこと。
　　ウ．原材料費の価格上昇や労働力不足による人件費の高騰などが，企業経営に大きな影響を与えるようになってきたこと。

12 次の文章を読み，問いに答えなさい。

グローバル化にともない多くの企業が海外進出している。ここでは，わが国の1970年代以降の海外進出をみてみる。

わが国では，1970年代に入ると，アジア諸国において現地企業に自社がもっている技術を供与したり，生産拠点を設立したりするようになった。そこで生産した製品は，現地で販売するだけでなく，わが国へも逆輸入するようになった。このように，わが国の企業は，海外での生産・販売活動を継続的に行う目的で，海外直接投資を積極的に行った。これにより，(a)複数の国にまたがって生産・販売活動を行い，かつそれらを一元的な指令のもとに統括する企業となっていった。

わが国では，1970年代なかば以降，従来の輸出品である繊維や鉄鋼といった素材に加え，カラーテレビのような組立機械産業製品の輸出が急増した。そのため，輸出自主規制により輸出量が制限されたこともあり，輸出先のアメリカ市場を維持するため，現地に生産拠点を設立して現地生産を行わざるをえなかった。このことが，(b)1970年代末から1980年代前半にかけての，わが国の企業の海外直接投資が増加した一因であった。この海外直接投資は，アメリカにややおくれてヨーロッパでも増加することとなった。

わが国の企業の海外進出といえば，自動車や家電製品など製造業のイメージが強いが，近年では，流通や小売，外食，教育といったサービス産業でも海外進出をめざす企業が増えている。例えば，カレーの専門店であるA社では，わが国と同じメニューを同じ価格帯で，味の決め手となるルーはコストをかけてでも日本からの輸入にこだわり，コメも日本米にこだわって提供している。また，照明を少し暗くし，高級感のある内装にして高級ブランドイメージを打ち出したことが見事に成功し，海外展開を拡大している。このように海外進出を成功させるためには，A社のように，市場に応じてブランドや店づくりを大きく変えることも重要になる。

さらに，海外進出を成功させるためには，自社の強みをいかすこと以外に，どのように企業経営の現地化を行うかという戦略も非常に重要となっている。企業経営の現地化には，資本の現地化や調達の現地化，(c)人材の現地化，研究開発の現地化などがある。

今後のさらなるグローバル化の進展によって，企業の海外進出の増加が考えられる。その際，現地社会への貢献も重要となる。

問1．下線部(a)を何というか，漢字3文字を補って正しい用語を完成させなさい。

問2．本文の主旨から，下線部(b)の海外直接投資の目的別の分類として，次のなかから適切なものを一つ選びなさい。

　ア．資源開発型　　　イ．労働力利用型　　　ウ．貿易摩擦回避型

問3．下線部(c)の利点として，次のなかから最も適切なものを一つ選びなさい。

　ア．親会社の経営方針や勤労形態を現地従業員に短期間に浸透させることができ，親会社と現地法人の間の日本語によるコミュニケーションもとりやすくなる。

　イ．現地にふさわしい経営をうみ出すことができ，現地従業員が現地法人の管理職をめざすことができることで，現地従業員の士気を高めることができる。

　ウ．親会社の管理職が現地法人の管理職に就くことで，現地の文化や慣習などを理解し経営にいかすことができ，現地政府や現地法人からの親会社に対する信頼を得ることができる。

次の文章を読み，問いに答えなさい。

近年，世界で宇宙関連ビジネスが注目され，その市場が飛躍的な成長をみせている。

宇宙ビジネスの市場規模は，2010年に約27兆円であったが，2019年で約40兆円まで成長しており，このペースで成長すれば2040年代には約100兆円以上に達するといわれている。近年，わが国でも宇宙関連の(a)ベンチャービジネスが注目されている。わが国の政府は2017年に「宇宙産業ビジョン2030」を打ち出し，現在の1.2兆円の国内市場規模を2030年代早期に倍増させることをめざして，宇宙ベンチャーへの出資を検討し，宇宙ビジネスを積極的に支援する構えをみせている。

A社は，「宇宙における総合商社」として，わが国発の世界を代表する宇宙開発関連企業をめざし，2017年に設立されたベンチャー企業である。具体的な業務内容は，衛星打ち上げサービスや国際宇宙ステーション（ISS）利用サービス，宇宙機器輸出入サービスなど多岐にわたっている。A社は，2019年10月に合計3.8億円の資金調達を行い，宇宙開発事業の要である超小型衛星の打ち上げサービスにおいて世界トップグループに入るべく体制を強化した。A社は，今回の資金調達により，2017年9月の創業から1年11か月間での調達額は累計7.8億円となった。

ベンチャー企業を設立するにあたり必要なことは，(b)新しいビジネスに挑戦しようという強い信念と意欲をもつこと，さらには，さまざまな支援制度をうまく活用することが重要となる。支援制度としては，資金面での支援制度がある。資金面での支援制度には，公的機関による支援や(c)ベンチャービジネスに投資する個人投資家による支援，ベンチャービジネスに投資する民間の会社による支援がある。さらに，人・物・技術面においてもさまざまな支援制度がとられている。技術面の支援の一つに，1998年に施行された法律にもとづいて，技術移転を促進するための，(d)TLO（技術移転機関）の設置がある。

現代は，ベンチャー企業の多くはIT分野への進出が多くみられるが，市場の拡大が期待される宇宙関連に限らず，さまざまな分野でベンチャービジネスを展開する企業が待望されている。

問1．下線部(a)の説明として，次のなかから適切なものを一つ選びなさい。
ア．事業に対して高い志と強い成長意欲をもち，新規性のある事業に挑戦するビジネス
イ．国や地方自治体が，国民生活の向上を目的として展開する公共性の高いビジネス
ウ．伝統産業を継承し，絶やさず後世に伝えていくという観点から展開されるビジネス

問2．下線部(b)を何というか，漢字5文字で正しい用語を記入しなさい。

問3．下線部(c)を何というか，次のなかから適切なものを一つ選びなさい。
ア．ベンチャー財団　　イ．エンジェル　　ウ．ベンチャーキャピタル

問4．下線部(d)の説明として，次のなかから適切なものを一つ選びなさい。
ア．民間事業者における研究成果や新技術を特許化し，他の民間事業者への技術移転を円滑にすすめるための機関。
イ．国や地方自治体における研究成果や新技術を特許化し，民間事業者への技術移転を円滑にすすめるための機関。
ウ．大学における研究成果や新技術を特許化し，民間事業者への技術移転を円滑にすすめるための機関。

14 次の文章を読み，問いに答えなさい。

地域経済の活性化へとつながるビジネスが多くの地域で行われている。

のどかな里山の風景が広がる栃木県のA市には，県内外から多くの人たちが訪れる農園があり，新しいコミュニティを創造する(a)地域ビジネス(コミュニティビジネス)の成功例として注目されている。この農園は，季節ごとに花が咲き，園内で育てたハーブや果実などを使用したピザやパスタ，デザート，ドリンクなどが提供されるレストランを併設している。この農園はもともと，農家の女性8人が，「ハーブ園を作り，そこで育てたハーブを使用した料理を提供するレストランを地元で開けないか」と考えたことがきっかけで開園した。開園にあたっては，レストランで提供する料理を勉強するため，シェフの元に通い，料理をはじめ，経営や接客についても学んだ。農園の土地は，コンニャク畑だった土地を借りた。また，それぞれの家族には，(b)事業活動全体の基本的な事項，年間の売り上げや見込まれる来客数，これからの展望などを説明し，さらに，レストランで提供する料理の試食をしてもらい，理解を得ることができた。

農園内は，約200種類のハーブや草花が季節を彩り，レストランでは，園内で収穫した農作物や，注文を受けてから摘み取ったハーブを使用した料理が楽しめる。このように，(c)その地域で生産されたものを，その同じ地域内で消費するということも魅力の一つとなっている。さらに，保存料や添加物を使用していないクッキーやドレッシングなどのオリジナル商品は約30種類にのぼり，ドライフラワーの販売も行っている。また，摘み取り体験，ドライフラワーのリース作り体験などもできる。近年では，地域ビジネスの担い手のなかで，(d)事業を通じて社会問題の改善を図るために起業する人も注目を集めている。

この事例や地域ビジネスの成功例を参考にして，地域ビジネスを誕生させる担い手が増え，活気ある地域が全国に増えていくことを期待したい。

問1．下線部(a)の説明として，次のなかから適切なものを一つ選びなさい。
ア．地域行政が主体となり，地域住民への行政サービスの質の向上をめざす。
イ．地域住民が主体となり，地域の諸問題をビジネスの手法で継続的に解決する。
ウ．地域企業が主体となり，自社の利益の最大化を第一の目標として活動する。

問2．下線部(b)を整理した計画書を何というか，次のなかから適切なものを一つ選びなさい。
ア．ビジネスアイデア　　イ．ビジネスモデル　　ウ．ビジネスプラン

問3．下線部(c)を何というか，次のなかから最も適切なものを一つ選びなさい。
ア．地産地消　　イ．互産互消　　ウ．地産他消

問4．下線部(d)を何というか，次のなかから適切なものを一つ選びなさい。
ア．ソーシャルアントレプレナー　　イ．ホワイトカラー　　ウ．インキュベーター

「ビジネス経済B」解答用紙

1	問1	問2	問3	問4	問5
			%	%	円

2	問1	問2

3	問

得　点

4	問1	問2	問3
			兆　　　億円

	問4	問5	問6	問7	問8	問9	問10
	億円						第　　段階

5	問1	問2	問3

6	問

7	問1	問2	問3	問4	問5

8	問1	問2	問3	問4	問5

9	問1	問2	問3	問4
	雇用		序列型賃金制度	

10	問1	問2	問3

11	問
	企業による　　　　　　　　　　　　　　　　　　　　　の欠如の問題

12	問1	問2	問3	問4	問5

13	問1	問2

14	問1	問2	問3

学校名		学年	年	組	番	名前	

総得点

「ビジネス経済B」解答用紙

得　点

1

問1					問2
					均等法

2

問1	問2		問3	問4

3

問1	問2	問3	問4		

4

問1	問2	問3		問4	問5	問6

5

問1	問2

6

問1	問2	問3	問4	問5	問6

7

問1	問2	問3	問4

8

問1	問2	問3	問4	問5

9

問1	問2

10

問1	問2	問3	問4

11

問1	問2

12

問1	問2	問3

13

問1	問2	問3	問4	問5	問6

学校名		学年	年	組	番	名前		総得点	

「ビジネス経済B」解答用紙

得　点

	問1	問2	問3	問4
1				

	問
2	

	問1	問2	問3
3			

	問1	問2	問3
4			

	問1	問2
5		

	問1	問2	問3
6		万円	万円

	問1	問2	問3
7			

	問1	問2	問3	問4
8	ショック			

	問1	問2
9		

	問1	問2
10		

	問1	問2	問3
11			ファンド

	問1	問2	問3	問4	問5	問6
12			会社			
	問7	問8	問9	問10		

	問1	問2	問3	問4	問5	問6	問7
13							
	問8	問9	問10				

学校名		学年	年	組	番	名前		総得点	

「ビジネス経済B」解答用紙

得　点

1	問1	問2	問3

2	問1	問2	問3

3	問1	問2	問3	問4

4	問1	問2	問3

5	問1	問2	問3	問4

6	問1	問2	問3	問4

7	問1	問2	問3

8	問1	問2	問3	問4
	規制			

9	問1	問2	問3	問4

10	問1	問2	問3	問4

11	問1	問2	問3

12	問1	問2	問3

13	問1	問2	問3	問4

14	問1	問2	問3	問4
	発想			

学校名		学年	年	組	番	名前	

総得点

「ビジネス経済B」解答用紙

得　点

	問1		問2	問3	問4
1					

	問1	問2	問3
2			

	問1	問2	問3
3			

	問1	問2	問3
4			

	問1	問2	問3		問4
5					

	問1	問2	問3	問4	
6					予約

	問1	問2	問3
7			

	問1	問2		問3	問4
8					

	問1	問2	問3	問4	
9					の意思決定

	問1	問2	問3	問4
10				

	問1		問2	問3
11				

	問1		問2	問3
12		企業		

	問1	問2		問3	問4
13					

	問1	問2	問3	問4
14				

学校名		学年	年	組	番	名前	

総得点